减税降费实务与操作

马泽方　编著

中国税务出版社

图书在版编目(CIP)数据

减税降费实务与操作/马泽方编著.
-- 北京:中国税务出版社,2019.10
ISBN 978-7-5678-0885-0

Ⅰ.①减… Ⅱ.①马… Ⅲ.①减税-税收政策-中国
Ⅳ.①F812.422

中国版本图书馆CIP数据核字(2019)第214060号

书　　名: 减税降费实务与操作
作　　者: 马泽方　编著
责任编辑: 刘　菲　王振波
责任校对: 姚浩晴
技术设计: 刘冬珂
出版发行: 中国税务出版社
北京市丰台区广安路9号国投财富广场1号楼11层
邮政编码:100055
http://www.taxation.cn
E-mail:swcb@taxation.cn
发行中心电话:(010)83362083/86/89
传真:(010)83362046/47/48/49
经　　销: 各地新华书店
印　　刷: 北京天宇星印刷厂
规　　格: 787毫米×1092毫米　1/16
印　　张: 14.5
字　　数: 219000字
版　　次: 2019年10月第1版　2019年10月第1次印刷
书　　号: ISBN 978-7-5678-0885-0
定　　价: 42.00元

前　言

2019年是国税地税征管体制改革后新税务的开局之年。实施更大规模减税降费，是2019年税收工作的重中之重，是深化供给侧结构性改革、减轻企业负担、激发市场活力的重大举措，是完善税制、优化收入分配格局的重要改革，是支持稳增长、保就业、调结构的重大抉择。2019年3月5日，李克强总理在《政府工作报告》中宣布："实施更大规模的减税，普惠性减税与结构性减税并举，重点降低制造业和小微企业税收负担。深化增值税改革，将制造业等行业现行16%的税率降至13%，将交通运输业、建筑业等行业现行10%的税率降至9%，确保主要行业税负明显降低；保持6%一档的税率不变，但通过采取对生产、生活性服务业增加税收抵扣等配套措施，确保所有行业税负只减不增，继续向推进税率三档并两档、税制简化方向迈进。抓好年初出台的小微企业普惠性减税政策落实。"

此次以深化增值税改革为主的减税降费，从李克强总理3月5日在全国两会上提出到4月1日全面推行，只有不到1个月的时间，时间紧、任务重，政策在短时间内集中发布。3月12日，国家税务总局局长王军在2019年全国两会"部长通道"接受媒体采访时提出“四实”“四硬”的努力目标，即政策制定要实，简明操作要实，宣传辅导要实，优化服务要实；信息系统要硬，数据账本要硬，检查问责要硬，改进完善要硬。怎样才能让纳税人了解、熟悉、掌握减税降费政策，保证纳税人充分享受到减税降费的“真金白银”，是企业自身和税务机关迫切的要求。因此急需一本全面介绍减税降费实务的书籍。

本书力求讲新政、重实务、注实操，简单明了，不求大而全，但求简而精，以帮助读者学好用好减税降费政策。本书具有以下特点：

一、分税种实例解析最新减税降费政策

一是增值税，深化增值税改革是2019年实施更大规模减税降费的“重头戏”，国家发布了《财政部　税务总局　海关总署关于深化增值税改革有关政策的公告》（财政部　税务总局　海关总署公告2019年第39号）等多个文件，不但降低了增值税税率，而且增加了加计抵减、留抵退税，扩大了抵扣范围。本书对新政策予以重点解析，包括政策要点、注意事项、例题、申报表填报等；对2019年初实施的提高小规模纳税人起征点进行了详细讲解；介绍了近几年发布的其他重要增值税优惠政策。

二是企业所得税，此次减税降费中企业所得税主要是小型微利企业引进超额累进税率，降税幅度相当大。本书重点讲解了小型微利企业享受新政策的关键点，介绍了近几年出台的重要企业所得税优惠政策，最后着重讲解了高新技术企业、研发费用加计扣除、加速折旧等税收优惠的政策要点和注意事项。

三是个人所得税，个人所得税改革自2018年就已经开始实施，

2019 年专项附加扣除政策正式施行，本书主要讲解了专项附加扣除政策的适用、过渡期优惠政策及其他主要优惠政策。

四是财产行为税，财产行为税主要是“六税两费[①]”的减征，以及相关小税种的优惠政策。

五是简要介绍了降低社会保险费率的相关政策。

由于上述税收优惠政策多有执行期限，在附录中，特别列示了各税收优惠政策的执行起止日期，以方便纳税人查阅。

二、权威解读最新减税降费政策

在推进减税降费工作中，国家税务总局充分发扬工匠精神，持续推出政策解读，统一政策口径，方便基层执行。因此，本书在编写过程中除了引用财政部、国家税务总局文件外，还参考、引用了大量国家税务总局发布的政策解读，如《减税降费政策及问答库》《2019 年减税降费政策答复汇编》《深化增值税改革即问即答》《深化增值税改革 100 问》《减税降费疑难问题 50 答》《个人所得税专项附加扣除 200 问》、历次国家税务总局举办的在线访谈和视频培训，以及各省级税务机关的政策解读等，力求全面、准确解读减税降费政策。

三、全面梳理汇总最新减税降费政策

本书收录的政策文件的截止期为 2019 年 8 月底。由于政策更新快，经常刚写完的内容在时隔不久后又有新政策发布，作者不厌其烦地修改、补充，就是要为读者呈现最新的减税降费政策。书中所涉及的大量税收政策文件，全部标明文号、引用原文，便于读者查

① 六税两费，是指资源税、城市维护建设税、房产税、城镇土地使用税、印花税（不含证券交易印花税）、耕地占用税，以及教育费附加、地方教育附加。

找。本书可以作为减税降费工具书来使用。

本书除了适用于纳税人、缴费人外，也同样适用于税务人员。由于时间仓促，加之作者水平和经验有限，书中不足之处，欢迎读者指正。

谨以此书献给奋战在减税降费战线上的税务工作者们，祝纳税人、缴费人都能享受到减税降费的红利！

作　者

2019 年 8 月

目　录

1 增值税优惠政策

自 2019 年 4 月 1 日起实施的深化增值税改革，一般纳税人主要包括四个方面：一是降低增值税税率，二是实行加计抵减，三是扩大抵扣范围，四是试行期末留抵退税制度。小规模纳税人方面，大幅提高小规模纳税人起征点。本章首先重点讲解以上内容，其次介绍了 2019 年出台的其他增值税优惠政策，最后介绍了 2019 年之前出台的主要增值税优惠政策。

1.1 降低增值税税率

1.1.1 增值税税率调整历程

《财政部　税务总局　海关总署关于深化增值税改革有关政策的公告》（财政部　税务总局　海关总署公告 2019 年第 39 号）第一条规定，自 2019 年 4 月 1 日起，“增值税一般纳税人（以下称纳税人）发生增值税应税销售行为或者进口货物，原适用 16% 税率的，税率调整为 13%；原适用 10% 税率的，税率调整为 9%”。

2016 年 5 月 1 日全面营改增后，对增值税一般纳税人实行四档税率①：17%、13%、11% 和 6%。

2017 年 7 月 1 日，取消 13% 税率，四档税率简并至三档。

2018 年 5 月 1 日，17% 和 11% 两档税率各下调 1 个百分点，三档税率为

① 增值税还有零税率，为与政策表述一致，零税率不列为一档税率。

16%、10%和6%。

2019年4月1日，16%税率下调3个百分点，10%税率下调1个百分点，三档税率为13%、9%和6%。

目前，适用13%税率的应税行为有：增值税一般纳税人销售货物、劳务、有形动产租赁服务或者进口货物。

适用9%税率的应税行为有：增值税一般纳税人销售交通运输、邮政、基础电信、建筑、不动产租赁服务；销售不动产；转让土地使用权；销售或者进口下列货物，税率为9%：①粮食等农产品、食用植物油、食用盐，②自来水、暖气、冷气、热水、煤气、石油液化气、天然气、二甲醚、沼气、居民用煤炭制品，③图书、报纸、杂志、音像制品、电子出版物，④饲料、化肥、农药、农机、农膜，⑤国务院规定的其他货物。

除此之外，皆适用6%税率，主要包括：增值税一般纳税人销售增值电信服务、金融服务、现代服务（租赁服务除外）、生活服务、无形资产（不含土地使用权）。

1.1.2 开具发票

1.1.2.1 纳税义务发生时间

纳税人开具增值税发票是适用原税率还是适用新税率，要按照纳税义务发生时间来确定。例如，销售货物时，若纳税义务发生时间在4月1日前，就按照16%的税率开票缴税，若纳税义务发生时间在4月1日以后，就按照13%的税率开票缴税。

有关纳税义务发生时间的规定，主要包括：

《增值税暂行条例》第十九条规定：

“增值税纳税义务发生时间：

“（一）发生应税销售行为，为收讫销售款项或者取得索取销售款项凭据的当天；先开具发票的，为开具发票的当天。

“（二）进口货物，为报关进口的当天。

增值税扣缴义务发生时间为纳税人增值税纳税义务发生的当天。”

《增值税暂行条例实施细则》第三十八条规定：

“条例第十九条第一款第（一）项规定的收讫销售款项或者取得索取销售款项凭据的当天，按销售结算方式的不同，具体为：

“（一）采取直接收款方式销售货物，不论货物是否发出，均为收到销售款或者取得索取销售款凭据的当天；

“（二）采取托收承付和委托银行收款方式销售货物，为发出货物并办妥托收手续的当天；

“（三）采取赊销和分期收款方式销售货物，为书面合同约定的收款日期的当天，无书面合同的或者书面合同没有约定收款日期的，为货物发出的当天；

“（四）采取预收货款方式销售货物，为货物发出的当天，但生产销售生产工期超过12个月的大型机械设备、船舶、飞机等货物，为收到预收款或者书面合同约定的收款日期的当天；

“（五）委托其他纳税人代销货物，为收到代销单位的代销清单或者收到全部或者部分货款的当天。未收到代销清单及货款的，为发出代销货物满180天的当天；

“（六）销售应税劳务，为提供劳务同时收讫销售款或者取得索取销售款的凭据的当天；

“（七）纳税人发生本细则第四条第（三）项至第（八）项所列视同销售货物行为，为货物移送的当天。”

《财政部　国家税务总局关于全面推开营业税改征增值税试点的通知》（财税〔2016〕36号）附件1《营业税改征增值税试点实施办法》第四十五条规定：

“增值税纳税义务、扣缴义务发生时间为：

“（一）纳税人发生应税行为并收讫销售款项或者取得索取销售款项凭据的当天；先开具发票的，为开具发票的当天。

“收讫销售款项，是指纳税人销售服务、无形资产、不动产过程中或者完成后收到款项。

“取得索取销售款项凭据的当天，是指书面合同确定的付款日期；未签订书面合同或者书面合同未确定付款日期的，为服务、无形资产转让完成的当天或者不动产权属变更的当天。

“（二）纳税人提供建筑服务[①]、租赁服务采取预收款方式的，其纳税义务发生时间为收到预收款的当天。

“（三）纳税人从事金融商品转让的，为金融商品所有权转移的当天。

“（四）纳税人发生本办法第十四条规定情形的，其纳税义务发生时间为服务、无形资产转让完成的当天或者不动产权属变更的当天。

“（五）增值税扣缴义务发生时间为纳税人增值税纳税义务发生的当天。”

纳税人适用的税率，以纳税义务发生时间为准。纳税义务发生时间在4月1日前，就按照原税率开票缴税，若纳税义务发生时间在4月1日以后，就按照新税率开票缴税。

【例1－1】 甲企业于2019年3月签订货物销售合同，合同约定3月20日发货，3月25日收款。实际上，纳税人按照合同约定3月20日发货后，3月25日取得了货款收款凭证，但到4月5日才实际收到货款。按照规定，该纳税人取得索取销售款项凭据的当天是3月25日，纳税义务发生时间在4月1日之前，应适用16%税率。

在开具发票时，如果甲企业在3月税款所属期申报时将该收入计入“未开发票收入”申报，但没有开具发票，待4月5日实际收到货款时才开票，在这种情形下，仍按原适用税率开具发票。

但若甲企业未将该收入计入“未开发票收入”进行申报，待4月5日实际收到货款时才开票，仍须按照原税率开具发票、缴纳税款，由于其延期缴纳了税款，还需要加收滞纳金。

【例1－2】 乙企业销售货物时没有签订合同，实际业务是3月20日发货，4月5日收到货款。政策规定，采取直接收款方式销售货物的，不论货物是否发出，纳税义务发生时间为收到销售款或者取得索取销售款项凭据的当天。该例中，纳税人4月5日收到货款，纳税义务发生时

---

① 《营业税改征增值税试点实施办法》（财税〔2016〕36号印发）第四十五条第（二）项修改为“纳税人提供租赁服务采取预收款方式的，其纳税义务发生时间为收到预收款的当天”。参见：《财政部　税务总局关于建筑服务等营改增试点政策的通知》（财税〔2017〕58号）。

间在4月1日之后，应适用13%税率。

【例1－3】 丙企业于2019年2月签订货物销售合同，约定销售货物采用分期收款方式。3月1日、5月1日、7月1日分三次收取货款。丙企业3月1日收取的货款，纳税义务发生时间在4月1日之前，应按照16%税率开具发票，5月1日、7月1日收取的货款，应按照13%税率开具发票。

【例1－4】 丁企业于2019年3月签订货物销售合同，并约定收取预收款，预收款于3月20日到账，没有开具发票，丁企业于4月5日才发货。虽然3月已经收到货款，但货物还没有发出，纳税义务还没有发生。丁企业在4月5日后发货，纳税义务时间发生在4月1日之后，按照13%税率开具发票。但若丁企业在收到预收款时开具了发票，则纳税义务发生，按照16%开具发票。

【例1－5】 戊企业于2019年3月签订房屋出租合同，约定租期三年，一次性收取租金60万元。3月20日，租金到账，纳税义务发生时间在4月1日之前，应按照10%税率开具发票。

1.1.2.2 开具发票衔接

1. 销售折让、中止或者退回

《国家税务总局关于深化增值税改革有关事项的公告》（国家税务总局公告2019年第14号）第一条规定："增值税一般纳税人在增值税税率调整前已按原16%、10%适用税率开具的增值税发票，发生销售折让、中止或者退回等情形需要开具红字发票的，按照原适用税率开具红字发票；开票有误需要重新开具的，先按照原适用税率开具红字发票后，再重新开具正确的蓝字发票。"

（1）销售方开具了增值税专用发票，购买方未用于申报抵扣并将发票联及抵扣联退回的，销售方按如下流程开具增值税红字专用发票：

①销售方在增值税发票管理系统中填开并上传《开具红字增值税专用发

票信息表》（以下简称《信息表》）。销售方填开《信息表》时应填写相对应的蓝字专用发票信息。

②主管税务机关通过网络接收纳税人上传的《信息表》，系统自动校验通过后，生成带有“红字发票信息表编号”的《信息表》，并将信息同步至纳税人端系统中。

③销售方凭税务机关系统校验通过的《信息表》开具红字专用发票，在系统中以销项负数开具。红字专用发票应与《信息表》一一对应。

④纳税人也可凭《信息表》电子信息或纸质资料到税务机关对《信息表》内容进行系统校验。

（2）购买方取得增值税专用发票已用于申报抵扣，或者购买方取得增值税专用发票尚未申报抵扣、但发票联或抵扣联无法退回的，由购买方按规定在增值税发票管理系统中填开并上传《信息表》，销售方根据购买方开具的《信息表》按照调整前税率开具红字发票。

2. 补开发票

国家税务总局公告 2019 年第 14 号第二条规定：“纳税人在增值税税率调整前未开具增值税发票的增值税应税销售行为，需要补开增值税发票的，应当按照原适用税率补开。”如果纳税人还存在 2018 年税率调整前未开具增值税发票的应税销售行为，需要补开增值税发票的，仍可按照原 17%、11% 适用税率补开。

同理，购买方在 2019 年 4 月 1 日后取得原 16%、10% 税率的增值税专用发票，可以按现行规定抵扣进项税额。

1.1.2.3 申报表填报

【例 1-6】 某企业为增值税一般纳税人，2019 年 4 月销售货物，开具 13% 税率增值税专用发票合计金额 100000 元，税额 13000 元；开具 13% 税率增值税普通发票合计金额 50000 元，税额 6500 元；提供交通运输服务，开具 9% 税率增值税专用发票合计金额 80000 元，税额 7200 元；开具 9% 税率增值税普通发票合计金额 40000 元，税额 3600 元。申报表填报如下：

（1）增值税纳税申报表附列资料（一）：

项目及栏次				开具增值税专用发票		开具其他发票		未开具发票		纳税检查调整		合计			服务、不动产和无形资产扣除项目本期实际扣除金额	扣除后	
				销售额	销项（应纳）税额	销售额	销项（应纳）税额	销售额	销项（应纳）税额	销售额	销项（应纳）税额	销售额	销项（应纳）税额	价税合计		含税（免税）销售额	销项（应纳）税额
				1	2	3	4	5	6	7	8	9 = 1 + 3 + 5 + 7	10 = 2 + 4 + 6 + 8	11 = 9 + 10	12	13 = 11 − 12	14 = 13 ÷（100% + 税率或征收率）× 税率或征收率
一、一般计税方法计税	全部征税项目	13%税率的货物及加工修理修配劳务	1	100000	13000	50000	6500					150000	19500	—	—	—	—
		13%税率的服务、不动产和无形资产	2														
		9%税率的货物及加工修理修配劳务	3											—	—	—	—
		9%税率的服务、不动产和无形资产	4	80000	7200	40000	3600					120000	10800	130800		130800	10800
		6%税率	5														
	其中：即征即退项目	即征即退货物及加工修理修配劳务	6	—	—	—	—	—	—	—	—			—	—	—	—
		即征即退服务、不动产和无形资产	7	—	—	—	—	—	—	—	—						

（2）增值税纳税申报表（一般纳税人适用）：

项　目		栏次	一般项目		即征即退项目	
			本月数	本年累计	本月数	本年累计
销售额	（一）按适用税率计税销售额	1	270000			
	其中：应税货物销售额	2	150000			
	应税劳务销售额	3				
	纳税检查调整的销售额	4				
	（二）按简易办法计税销售额	5				
	其中：纳税检查调整的销售额	6				
	（三）免、抵、退办法出口销售额	7			—	—
	（四）免税销售额	8			—	—
	其中：免税货物销售额	9			—	—
	免税劳务销售额	10			—	—

续表

项目		栏次	一般项目		即征即退项目	
			本月数	本年累计	本月数	本年累计
税款计算	销项税额	11	30300			
	进项税额	12				
	上期留抵税额	13				—
	进项税额转出	14				
	免、抵、退应退税额	15			—	—
	按适用税率计算的纳税检查应补缴税额	16			—	—
	应抵扣税额合计	17 = 12 + 13 - 14 - 15 + 16		—		—
	实际抵扣税额	18（如 17 < 11，则为 17，否则为 11）				
	应纳税额	19 = 11 - 18	30300			
	期末留抵税额	20 = 17 - 18				—
	简易计税办法计算的应纳税额	21				
	按简易计税办法计算的纳税检查应补缴税额	22			—	—
	应纳税额减征额	23				
	应纳税额合计	24 = 19 + 21 - 23	30300			

【例 1 -7】 某企业为增值税一般纳税人，2019 年 6 月发生 2019 年 2 月销售的货物退货，开具 16% 税率红字专用发票，金额 40000 元，税额 6400 元；销售一批商品，开具 13% 增值税专用发票，金额 60000 元，税额 7800 元。申报表填报如下：

（1）增值税纳税申报表附列资料（一）：

项目及栏次				开具增值税专用发票		开具其他发票		未开具发票		纳税检查调整		合计			服务、不动产和无形资产扣除项目本期实际扣除金额	扣除后	
				销售额	销项（应纳）税额	销售额	销项（应纳）税额	销售额	销项（应纳）税额	销售额	销项（应纳）税额	销售额	销项（应纳）税额	价税合计		含税（免税）销售额	销项（应纳）税额
				1	2	3	4	5	6	7	8	9 = 1 + 3 + 5 + 7	10 = 2 + 4 + 6 + 8	11 = 9 + 10	12	13 = 11 - 12	14 = 13 ÷ (100% + 税率或征收率) × 税率或征收率
一、一般计税方法计税	全部征税项目	13%税率的货物及加工修理修配劳务	1	-40000 + 60000 = 20000	-6400 + 7800 = 1400							20000	1400	—	—	—	—
		13%税率的服务、不动产和无形资产	2														
		9%税率的货物及加工修理修配劳务	3											—	—	—	—
		9%税率的服务、不动产和无形资产	4														
		6%税率	5														
	其中：即征即退项目	即征即退货物及加工修理修配劳务	6	—	—	—	—	—	—	—	—			—	—	—	—
		即征即退服务、不动产和无形资产	7	—	—	—	—	—	—	—	—						

（2）增值税纳税申报表（一般纳税人适用）：

项　目		栏次	一般项目		即征即退项目	
			本月数	本年累计	本月数	本年累计
销售额	（一）按适用税率计税销售额	1	20000			
	其中：应税货物销售额	2	20000			
	应税劳务销售额	3				
	纳税检查调整的销售额	4				
	（二）按简易办法计税销售额	5				
	其中：纳税检查调整的销售额	6				
	（三）免、抵、退办法出口销售额	7			—	—
	（四）免税销售额	8			—	—
	其中：免税货物销售额	9			—	—
	免税劳务销售额	10			—	—

续表

项目		栏次	一般项目		即征即退项目	
			本月数	本年累计	本月数	本年累计
税款计算	销项税额	11	1400			
	进项税额	12				
	上期留抵税额	13				—
	进项税额转出	14				
	免、抵、退应退税额	15			—	—
	按适用税率计算的纳税检查应补缴税额	16			—	—
	应抵扣税额合计	17 = 12 + 13 - 14 - 15 + 16		—		—
	实际抵扣税额	18（如 17 < 11，则为 17，否则为 11）				
	应纳税额	19 = 11 - 18	1400			
	期末留抵税额	20 = 17 - 18				—
	简易计税办法计算的应纳税额	21				
	按简易计税办法计算的纳税检查应补缴税额	22			—	—
	应纳税额减征额	23				
	应纳税额合计	24 = 19 + 21 - 23	1400			

【例 1 - 8】 某企业为增值税一般纳税人，2019 年 3 月签订货物销售合同，价款 100000 元，合同约定 3 月 20 日发货，3 月 25 日收款。实际上，纳税人按照合同约定 3 月 20 日发货后，3 月 25 日取得了货款收款凭证，但到 4 月 5 日才实际收到货款。该企业在 3 月将该笔货款申报纳税，4 月 5 日收到货款时开具发票。

税款所属期为 2019 年 3 月的申报表填报如下：

（1）增值税纳税申报表附列资料（一）：

项目及栏次				开具增值税专用发票		开具其他发票		未开具发票		纳税检查调整		合计			服务、不动产和无形资产扣除项目本期实际扣除金额	扣除后	
				销售额	销项（应纳）税额	销售额	销项（应纳）税额	销售额	销项（应纳）税额	销售额	销项（应纳）税额	销售额	销项（应纳）税额	价税合计		含税（免税）销售额	销项（应纳）税额
				1	2	3	4	5	6	7	8	9 = 1+3+5+7	10 = 2+4+6+8	11 = 9+10	12	13 = 11 - 12	14 = 13 ÷（100% + 税率或征收率）× 税率或征收率
一、一般计税方法计税	全部征税项目	16%税率的货物及加工修理修配劳务	1					100000	16000			100000	16000	—	—	—	—
		16%税率的服务、不动产和无形资产	2														
		13%税率	3	—	—	—	—	—	—	—	—	—	—	—	—	—	—
		10%税率的货物及加工修理修配劳务	4a											—	—	—	—
		10%税率的服务、不动产和无形资产	4b														
		6%税率	5														
	其中：即征即退项目	即征即退货物及加工修理修配劳务	6	—	—	—	—	—	—	—	—			—	—	—	—
		即征即退服务、不动产和无形资产	7	—	—	—	—	—	—	—	—						

（2）增值税纳税申报表（一般纳税人适用）：

项 目		栏次	一般项目		即征即退项目	
			本月数	本年累计	本月数	本年累计
销售额	（一）按适用税率计税销售额	1	100000			
	其中：应税货物销售额	2	100000			
	应税劳务销售额	3				
	纳税检查调整的销售额	4				
	（二）按简易办法计税销售额	5				
	其中：纳税检查调整的销售额	6				
	（三）免、抵、退办法出口销售额	7			—	—
	（四）免税销售额	8			—	—
	其中：免税货物销售额	9			—	—
	免税劳务销售额	10			—	—

续表

项目		栏次	一般项目		即征即退项目	
			本月数	本年累计	本月数	本年累计
税款计算	销项税额	11	16000			
	进项税额	12				
	上期留抵税额	13				—
	进项税额转出	14				
	免、抵、退应退税额	15			—	—
	按适用税率计算的纳税检查应补缴税额	16			—	—
	应抵扣税额合计	17 = 12 + 13 − 14 − 15 + 16		—		—
	实际抵扣税额	18（如 17 < 11，则为 17，否则为 11）				
	应纳税额	19 = 11 − 18	16000			
	期末留抵税额	20 = 17 − 18				—
	简易计税办法计算的应纳税额	21				
	按简易计税办法计算的纳税检查应补缴税额	22			—	—
	应纳税额减征额	23				
	应纳税额合计	24 = 19 + 21 − 23	16000			

该企业在2019年4月补开16%税率增值税专用发票时，应将金额、税额填入4月税款所属期的《增值税纳税申报表附列资料（一）》第1行“13%税率的货物及加工修理修配劳务”“开具增值税专用发票”相关列次。同时，由于原适用16%税率的销售额已经在前期按照未开具发票收入申报纳税，本期应当在《增值税纳税申报表附列资料（一）》第1行“13%税率的货物及加工修理修配劳务”“未开具发票”相关列次计入相应负数进行冲减。

税款所属期为2019年4月的新增值税申报表①填报如下：

① 参见《国家税务总局关于调整增值税纳税申报有关事项的公告》（国家税务总局公告2019年第15号）。

增值税纳税申报表附列资料（一）：

项目及栏次				开具增值税专用发票		开具其他发票		未开具发票		纳税检查调整		合计			服务、不动产和无形资产扣除项目本期实际扣除金额	扣除后	
				销售额	销项（应纳）税额	销售额	销项（应纳）税额	销售额	销项（应纳）税额	销售额	销项（应纳）税额	销售额	销项（应纳）税额	价税合计		含税（免税）销售额	销项（应纳）税额
				1	2	3	4	5	6	7	8	9 = 1 + 3 + 5 + 7	10 = 2 + 4 + 6 + 8	11 = 9 + 10	12	13 = 11 - 12	14 = 13 ÷ (100% + 税率或征收率) × 税率或征收率
一、一般计税方法计税	全部征税项目	13%税率的货物及加工修理修配劳务	1	100000	16000			-100000	-16000			0	0	—	—	—	—
		13%税率的服务、不动产和无形资产	2														
		9%税率的货物及加工修理修配劳务	3											—	—	—	—
		9%税率的服务、不动产和无形资产	4														
		6%税率	5														
	其中：即征即退项目	即征即退货物及加工修理修配劳务	6	—	—	—	—	—	—	—	—			—	—	—	—
		即征即退服务、不动产和无形资产	7	—	—	—	—	—	—	—	—						

1.1.3 农产品抵扣

1.1.3.1 加计扣除政策

财政部、税务总局、海关总署公告2019年第39号第二条规定：“纳税人购进农产品，原适用10%扣除率的，扣除率调整为9%。纳税人购进用于生产或者委托加工13%税率货物的农产品，按照10%的扣除率计算进项税额。”

纳税人购进农产品适用的扣除率分为两种情况：一是按照9%的扣除率计算进项税额；二是购进用于生产或者委托加工13%税率货物的农产品，加计扣除1个百分点按照10%的扣除率计算进项税额。

增值税一般纳税人购进农产品，可凭增值税专用发票、海关进口增值税专用缴款书、农产品收购发票或销售发票抵扣进项税额。

增值税一般纳税人（农产品深加工企业除外）购进农产品，从按照简易计税方法依照3%征收率计算缴纳增值税的小规模纳税人处取得增值税专用发票的，以增值税专用发票上注明的金额和9%的扣除率计算进项税额；取得（开具）农产品销售发票或收购发票的，以农产品销售发票或收购发票上注明的农产品买价和9%的扣除率计算进项税额。

增值税一般纳税人购进农产品，取得批发零售环节纳税人销售免税农产品开具的免税发票，以及小规模纳税人开具的增值税普通发票，均不得计算抵扣进项税额。

如果是适用农产品增值税进项税额核定扣除的纳税人，按照《农产品增值税进项税额核定扣除试点实施办法》（财税〔2012〕38号）规定，农产品核定扣除办法规定的扣除率为销售货物的适用税率。如果纳税人生产的货物适用税率由16%调整为13%，则其扣除率也应由16%调整为13%；如果纳税人生产的货物适用税率由10%调整为9%，则其扣除率也应由10%调整为9%。

需要注意的是，若增值税一般纳税人购进农产品既用于生产销售或委托受托加工13%税率货物又用于生产销售其他货物服务的，需要分别核算，未分别核算的，统一以增值税专用发票或海关进口增值税专用缴款书上注明的增值税额为进项税额，或以农产品收购发票或销售发票上注明的农产品买价和9%的扣除率计算进项税额。

1.1.3.2 加计扣除时间

增值税一般纳税人购进用于生产或者委托加工13%税率货物的农产品，按照10%的扣除率计算进项税额，不是在购进环节直接抵扣10%的进项税额，而是在购进环节抵扣9%的进项税额，在生产领用环节，再加计抵扣1个点。例如，2019年4月纳税人购进一批农产品，购进时按照9%计算抵扣进项税额；5月领用时，确定用于生产13%税率货物，则在5月再加计1%进项税额。

1.1.3.3 加计扣除的衔接

《财政部　税务总局关于调整增值税税率的通知》（财税〔2018〕32号）规定，纳税人购进农产品，原适用11%扣除率的，扣除率调整为10%，纳税人购进用于生产销售或委托加工16%税率货物的农产品，按照12%的扣除率计算进项税额。也就是说，加计扣除2个百分点。那么，2019年4月1日前购进的农产品，2019年4月1日后是否仍然按照12%加计扣除?

答案是否定的，2019年4月1日后，纳税人领用农产品用于生产或委托加工13%税率的货物，统一按照1%加计抵扣，不区分所购进农产品是在4月1日前还是4月1日后。

1.1.4 出口退税及离境退税

1.1.4.1 出口退税

财政部、税务总局、海关总署公告2019年第39号第三条规定："原适用16%税率且出口退税率为16%的出口货物劳务，出口退税率调整为13%；原适用10%税率且出口退税率为10%的出口货物、跨境应税行为，出口退税率调整为9%。"

自2019年4月1日起调整出口退税率，所称"4月1日"，指的是货物服务的出口时间，并非出口企业在国内采购货物取得的增值税专用发票的开具时间。

我国针对出口货物服务设定的退税率有两种：一种是退税率与适用税率一致的；另一种是退税率小于适用税率的。此次改革中仅涉及征退税率一致的出口货物服务，对于原退税率小于适用税率的，不作调整。如原增值税适用税率为16%、出口退税率为13%的货物，改革后适用税率降至13%，出口退税率仍保持13%不变。

出口退税率调整自2019年4月1日起执行。为给出口企业消化前期购进的货物、原材料等库存留出时间，此次出口退税率调整设置了3个月的过渡期。

需要注意的是，应区分免退税和免抵退税。

1. 免退税

免退税，是指不具有生产能力的出口企业（以下简称"外贸企业"）或其他单位出口货物、劳务，免征增值税，相应进项税额予以退还。

2019年6月30日前（含2019年4月1日前），纳税人出口财政部、税务总局、海关总署公告2019年第39号第三条规定的货物劳务或发生跨境应税行为，适用增值税免退税办法的，购进时已按调整前税率征收增值税的，执行调整前的出口退税率，购进时已按调整后税率征收增值税的，执行调整后的出口退税率。

【例1-9】 甲外贸企业于2019年3月15日购进一批货物，取得国内供货企业开具的16%税率增值税专用发票；4月15日，又购进一批货物，取得国内供货企业开具的13%税率增值税专用发票；4月30日，甲企业将上述两批货物出口，出口货物报关单上注明的出口日期为4月30日。那么，3月15日购进的出口货物，已按调整前16%税率征收增值税，应执行调整前16%的退税率；4月15日购进的出口货物，按照调整后13%税率征收增值税，应执行调整后13%的退税率。

自2019年7月1日起，出口上述货物服务，购进时已按16%、13%税率征收增值税的，执行13%的退税率；购进时已按10%、9%税率征收增值税的，执行9%的退税率。

【例1-10】 乙外贸企业于2019年4月1日前购进一批原征16%退16%的货物，但在2019年7月1日才报关出口，由于在2019年6月30日后，统一执行调整后的出口退税率，该批出口货物适用13%的退税率。

若外贸企业在4月1日前报关出口的货物，4月1日后取得按调整后开具的购进货物增值税专用发票，则在办理退税时，适用调整后的退税率。

【例1-11】 丙外贸企业于2019年3月25日报关出口了一批货物（征退税率均为16%），出口货物报关单上注明的出口日期为3月25日。该企业4月5日取得国内供货企业为其开具的税率为13%的增值税专用发票。该批出口货物适用13%的退税率。

2. 免抵退税

免抵退税，是指适用一般计税方法的生产企业出口自产货物与视同自产货物、对外提供加工修理修配劳务，以及列明的74家生产企业出口非自产货物，免征增值税，相应的进项税额抵减应纳增值税额（不包括适用增值税即征即退、先征后退政策的应纳增值税额），未抵减完的部分予以退还。

适用增值税免抵退税办法的，执行调整前的出口退税率，在计算免抵退税时，适用税率低于出口退税率的，适用税率与出口退税率之差视为零参与免抵退税计算。

【例1-12】 乙生产企业于2019年3月15日购进一批原材料，取得国内供货企业开具的16%税率增值税专用发票；4月15日，又购进一批原材料，取得国内供货企业开具的13%税率增值税专用发票；上述两批原材料均用于生产某种出口货物。4月30日，乙企业将该货物出口，出口货物报关单上注明的出口日期为4月30日。那么，应统一按照调整前16%的退税率计算退税额。

3. 执行时间

出口退税率的执行时间及出口货物劳务、发生跨境应税行为的时间，按照以下规定执行：报关出口的货物劳务（保税区及经保税区出口除外），以海关出口报关单上注明的出口日期为准；非报关出口的货物劳务、跨境应税行为，以出口发票或普通发票的开具时间为准；保税区及经保税区出口的货物，以货物离境时海关出具的出境货物备案清单上注明的出口日期为准。

1.1.4.2 离境退税

1. 概述

根据《财政部关于实施境外旅客购物离境退税政策的公告》（财政部公告2015年第3号）规定，离境退税政策，是指境外旅客在离境口岸离境时，对其在退税商店购买的退税物品退还增值税的政策。这里的“境外旅客”，是指在我国境内连续居住不超过183天的外国人和港澳台同胞。“离境口岸”，是指实施离境退税政策的地区正式对外开放并设有退税代理机构的口岸，包括航空口岸、水运口岸和陆地口岸。“退税物品”，是指由境外旅客本人在退税商店购买且符合退税条件的个人物品，但不包括下列物品：①《中华人民共和国禁止、限制进出境物品表》所列的禁止、限制出境物品；②退税商店销售的适用增值税免税政策的物品；③财政部、海关总署、国家税务总局规定的其他物品。

境外旅客购物申请离境退税应符合以下条件：①同一境外旅客同一日在同一退税商店购买的退税物品金额达到500元人民币；②退税物品尚未启用或消费；③离境日距退税物品购买日不超过90天；④所购退税物品由境外旅客本人随身携带或随行托运出境。

根据《国家税务总局关于发布〈境外旅客购物离境退税管理办法（试行）〉的公告》（国家税务总局公告2015年第41号）规定，境外旅客购物离境退税的办理流程可分为旅客购物申请开单开票、海关验核确认、代理机构审核退税三个环节。具体来说：①旅客购物申请开单开票：境外旅客在退税商店购买退税物品后，需要申请退税的，应当向退税商店索取境外旅客购物离境退税申请单和销售发票。②海关验核确认：境外旅客在离境口岸离境时，应当主动持退税物品、退税申请单、退税物品销售发票向海关申报并接受海关监管。海关验核无误后，在境外旅客购物离境退税申请单上签章。③代理机构审核退税：境外旅客凭护照等本人有效身份证件、海关验核签章的退税申请单、退税物品销售发票向设在办理境外旅客离境手续的离境口岸隔离区内的退税代理机构申请办理退税。退税代理机构对相关信息审核无误后，为境外旅客办理退税。

截至目前，实施离境退税政策的省（市）已经有26个。

2. 政策规定

财政部、税务总局、海关总署公告2019年第39号第四条规定：“适用13%税率的境外旅客购物离境退税物品，退税率为11%；适用9%税率的境外旅客购物离境退税物品，退税率为8%。2019年6月30日前，按调整前税率征收增值税的，执行调整前的退税率；按调整后税率征收增值税的，执行调整后的退税率。退税率的执行时间，以退税物品增值税普通发票的开具日期为准。”

按照财政部公告2015年第3号规定，退税物品的退税率为11%。2017年和2018年，增值税税率进行了两次调整，退税物品的适用税率从17%和13%分别调整到16%和10%，但是，离境退税物品的退税率未做调整，仍然统一为11%。根据此次改革方案，增值税税率由16%和10%分别调整为13%和9%。为配合税率调整，离境退税物品的退税率相应调整，针对适用税率为9%的物品，增加了8%的退税率，其他物品，仍维持11%的退税率。也就是说，自2019年4月1日起，将退税物品的退税率由原11%一档调整为11%和8%两档，适用税率为13%的退税物品，退税率为11%；适用税率为9%的退税物品，退税率为8%。

同时，为了最大限度保证境外旅客权益，退税率调整设置了3个月的过渡期。过渡期内，境外旅客购买的退税物品，如果已经按照调整前税率征收增值税的，仍然按照调整前11%的退税率计算退税。具体来说，境外旅客购买退税物品，如果取得的增值税普通发票是2019年6月30日前（含）开具的，发票上注明税率为16%、13%和10%的，退税率均为11%；发票上注明的税率为9%的，退税率为8%。如果取得的增值税普通发票是2019年7月1日以后（含）开具的，发票上注明税率为16%、13%的，执行11%的退税率；发票上注明的税率为10%、9%的，执行8%的退税率。

退税物品退税率执行时间，以境外旅客购买退税物品取得的增值税普通发票开具日期为准。

1.2 加计抵减

1.2.1 政策规定

财政部、税务总局、海关总署公告2019年第39号第七条规定："自2019年4月1日至2021年12月31日，允许生产、生活性服务业纳税人按照当期可抵扣进项税额加计10%，抵减应纳税额（以下称加计抵减政策）。"这是建立增值税制度以来第一次实施加计抵减政策。

1.2.2 适用范围

此次加计抵减的范围为提供邮政服务、电信服务、现代服务、生活服务（以下简称“四项服务”）的纳税人，四项服务的具体范围按照《财政部 国家税务总局关于全面推开营业税改征增值税试点的通知》（财税〔2016〕36号）附件1所附《销售服务、无形资产、不动产注释》执行。

其中，邮政服务包括邮政普遍服务、邮政特殊服务和其他邮政服务；电信服务包括基础电信和增值电信；现代服务包括研发和技术服务、信息技术服务、文化创意服务、物流辅助服务、租赁服务、鉴证咨询服务、广播影视服务、商务辅助服务和其他现代服务；生活服务包括文化体育服务、教育医疗服务、旅游娱乐服务、餐饮住宿服务、居民日常服务和其他生活服务。

此次降低增值税税率，6%一档税率没有变化，为了不增加该档税率纳税人负担，对提供四项服务的纳税人实施加计抵减政策，以降低税负。但需要注意两点，一是四项服务并非都适用6%税率，现代服务中的有形动产租赁，适用13%税率；邮政服务、电信服务中的基础电信，现代服务中的不动产租赁，适用9%税率。二是适用6%税率的并非都可以享受加计抵减，例如，金融服务也适用6%税率，但不能享受加计抵减政策。

提供四项服务的纳税人，只有取得的销售额占全部销售额的比重超过50%（不含）时，方可享受加计抵减政策。

（1）纳税人兼有四项服务中多项应税行为的，其四项服务中多项应税行为的当期销售额应当合并计算，然后再除以纳税人当期全部的销售额，以此计算销售额的比重。

（2）在计算销售额占比时，销售额中既包括一般计税方法的收入，也包括简易计税方法的收入；既包括应税销售额，也包括免税销售额；既包括国内销售额，也包括出口销售额；既包括一般项目销售额，也包括即征即退项目销售额。

（3）在计算销售额占比时，销售额中还包括稽查查补销售额或纳税评估调整销售额。稽查查补销售额和纳税评估调整销售额应作为查补税款申报当月（或当季）的销售额参与计算四项服务销售额的比重。例如，某纳税人

2019 年 10 月被查补出所属期为 2018 年 10 月的销售额 100 万元，该 100 万元作为申报查补税款当月，即 2019 年 10 月的销售额参与四项服务销售额的计算。

（4）若纳税人享受差额计税政策，纳税人应按照差额后的销售额参与计算。例如，某纳税人提供服务，按照规定可以享受差额计税政策，以差额后的销售额计算缴纳增值税。该纳税人在计算销售额占比时，货物销售额为 2 万元，提供四项服务差额前的全部价款和价外费用共 20 万元，差额后的销售额为 4 万元。则应按照 4 ÷ （2 + 4）来进行计算占比。因该纳税人四项服务销售额占全部销售额的比重超过 50%，按照规定，可以享受加计抵减政策。

1.2.3 计提时间

应区分 2019 年 4 月 1 日前后设立的纳税人，分别进行处理。

2019 年 3 月 31 日前设立的纳税人，自 2018 年 4 月至 2019 年 3 月期间的销售额符合上述规定条件的，自 2019 年 4 月 1 日起适用加计抵减政策。实际经营期不满 12 个月的，按实际经营期的累计销售额计算。

2019 年 4 月 1 日后设立的纳税人，自设立之日起 3 个月的销售额符合上述规定条件的，自登记为一般纳税人之日起适用加计抵减政策。

也就是说，2019 年 4 月 1 日后设立的纳税人，即使设立即登记为一般纳税人，成立前 3 个月也不能享受加计抵减政策，3 个月的销售额符合比重的，第 4 个月才可以享受加计抵减政策。并且允许在第 4 个月补提前 3 个月的加计抵减额，在第 4 个月及以后申报期抵减，但不能追溯抵减。例如，某纳税人 2019 年 4 月新设立，4—6 月的销售额符合条件，7 月申报 6 月税款时可以计提 4—6 月的加计抵减额。

需要注意的是：

（1）销售额比重不是从登记为一般纳税人之日起计算。政策规定自登记为一般纳税人之日起适用加计抵减政策，并不是自登记为一般纳税人之日起计算销售额比重，其小规模纳税人期间的销售额也参与计算。例如，某纳税人 2019 年 4 月设立，2019 年 5 月登记为一般纳税人，其销售额比重从 4 月开始计算，而不是从登记为一般纳税人的 5 月开始计算。又如，某纳税人 2018

年 1 月设立，2018 年 9 月登记为一般纳税人，以 2018 年 4 月至 2019 年 3 月的销售额判断是否适用加计抵减政策。

（2）可自形成销售额的当月起计算 3 个月。如果纳税人设立前 3 个月的销售额均为 0，则应自该纳税人形成销售额的当月起计算 3 个月来判断是否适用加计抵减政策。例如，某纳税人 2019 年 4 月新设立，但是 4—8 月未开展生产经营，销售额均为 0，自 9 月起才有销售额，则应根据 2019 年 9—11 月的销售额判断当年是否适用加计抵减政策。若某纳税人 2019 年 4 月前设立，一直没有取得收入，2019 年 5 月取得收入，则以 5—7 月销售额判断当年是否适用加计抵减政策。

（3）未计提的加计抵减额可以补提。纳税人可计提但未计提的加计抵减额，可在确定适用加计抵减政策当期一并计提。例如，某纳税人 2019 年 4 月设立，2019 年 5 月登记为一般纳税人，2019 年 6 月若符合条件，可以确定适用加计抵减政策，7 月申报 6 月税款时一并计提 5—6 月的加计抵减额。若某纳税人 2019 年 4 月设立并登记为一般纳税人，2019 年 4 月至 2020 年 2 月一直未取得销售收入，2020 年 3 月取得销售收入，3—5 月销售额占比超过 50%，则 2020 年可以享受加计抵减政策，且 2019 年 4 月以来可计提未计提的加计抵减额可以补提。

（4）设立前 3 个月四项服务销售额占比不足 50%，当年不能享受加计抵减。例如，某纳税人 2019 年 4 月设立，4—6 月四项服务销售额占比不足 50%，5—7 月四项服务销售额占比超过 50%，由于其设立前 3 个月四项服务销售额占比不足 50%，2019 年度不能享受加计抵减政策。

（5）跨年计算比例问题。例如，某纳税人 2019 年 11 月成立，2019 年 11 月至 2020 年 1 月销售额占比超过 50%。在计算 2020 年销售额占比时，2020 年 1 月销售额也参与计算；在计算 2021 年销售额占比时，2020 年 1 月销售额仍然参与计算。

（6）次年不符合条件。例如，某纳税人 2019 年适用加计抵减政策，截至 2019 年底还有加计抵减额余额尚未抵减完。若 2020 年该企业不符合加计抵减政策，那么 2020 年该企业不得再计提加计抵减额；若 2021 年又符合加计抵减政策，则 2019 年未抵减完的加计抵减余额，可在 2021 年继续抵减。

（7）一般纳税人转为小规模纳税人。一般纳税人有加计抵减额余额，转登记为小规模纳税人，加计抵减余额不得用于抵减小规模纳税人期间的应纳税额；后又登记为一般纳税人，自该纳税人再次登记成为一般纳税人之日起，此前未抵减完的余额可继续抵减其按一般计税方法计算的应纳税额。

1.2.4　提交声明

按照国家税务总局公告2019年第14号第八条规定，适用加计抵减政策的纳税人，应在年度首次确认适用加计抵减政策时，向税务机关提交《适用加计抵减政策的声明》。

适用加计抵减政策的声明

纳税人名称：____________

纳税人识别号（统一社会信用代码）：____________

本纳税人符合《财政部　税务总局　海关总署关于深化增值税改革有关政策的公告》（财政部　税务总局　海关总署公告2019年第39号）规定，确定适用加计抵减政策。行业属于（请从下表勾选，只能选择其一）：

行业	选项
邮政服务业	
电信服务业	—
其中：1. 基础电信业	
2. 增值电信业	
现代服务业	—
其中：1. 研发和技术服务业	
2. 信息技术服务业	
3. 文化创意服务业	
4. 物流辅助服务	
5. 有形动产租赁服务业	
6. 鉴证咨询服务业	
7. 广播影视服务	

续表

行业	选项
生活服务业	—
其中：1. 文化艺术业	
2. 体育业	
3. 教育	
4. 卫生	
5. 旅游业	
6. 娱乐业	
7. 餐饮业	
8. 住宿业	
9. 居民服务业	
10. 社会工作	
11. 公共设施管理业	
12. 不动产出租	
13. 商务服务业	
14. 专业技术服务业	
15. 代理业	
16. 其他生活服务业	

本纳税人用于判断是否符合加计抵减政策条件的销售额占比计算期为______年____月至______年____月，此期间提供邮政服务、电信服务、现代服务、生活服务销售额合计____元，全部销售额____元，占比为____%。

以上声明根据实际经营情况作出，我确定它是真实的、准确的、完整的。

年　　月　　日

（纳税人签章）

纳税人可通过电子税务局提交声明。提交时，系统将自动显示《适用加计抵减政策的声明》，纳税人选择政策适用年度和所属行业，录入计算期内四项服务的销售额和总销售额后，信息系统将帮助纳税人自动填写其他内容。纳税人在确认相关信息准确无误后，即可提交声明。纳税人到办税服务厅提交声明时，税务部门会提供免填单服务，纳税人只要将上述 4 项信息告知窗口工作人员，工作人员会预填好声明内容，交由纳税人确认，如果信息准确无误，纳税人盖章后即可提交。

纳税人确定适用加计抵减政策后，当年内不再调整，以后年度是否适用，根据上年度销售额计算确定，若适用，需再次提交《适用加计抵减政策的声明》。

这里的年度是指会计年度，而不是连续 12 个月的概念。

1.2.5　加计抵减的计算

加计抵减不同于进项税额，前者用于计算，后者用于抵扣。也不同于企业所得税中的加计扣除，其并非将进项税额的 110% 在销项税额中减除，而是将进项税额的 10% 在应纳税额中减除。

1. 计算公式

纳税人按可抵扣进项税额的 10% 比例计算加计抵减额，而不用区分其进项税额构成，这是与留抵退税的不同点之一。后者限于已抵扣的增值税专用发票、海关进口增值税专用缴款书、解缴税款完税凭证注明的增值税额，而前者是所有可抵扣进项税额。

加计抵减额计算公式如下：

当期计提加计抵减额 = 当期可抵扣进项税额 × 10%

当期可抵减加计抵减额 = 上期末加计抵减额余额 + 当期计提加计抵减额 − 当期调减加计抵减额

具体计算可分为两步。

第一步：计算抵减前的应纳税额。按照一般纳税人的一般计税方法计算应纳税额。

第二步：计算抵减后的应纳税额。

区分两种情况：

第一种情况：抵减前的应纳税额 = 0，当期可抵减加计抵减额全部结转下期抵减。

第二种情况：抵减前的应纳税额 > 0：

（1）若抵减前的应纳税额＞可抵减加计抵减额，则：

抵减后的应纳税额＝抵减前的应纳税额－可抵减加计抵减额

（2）若抵减前的应纳税额≤可抵减加计抵减额，则：

抵减后的应纳税额＝0

加计抵减额余额＝可抵减加计抵减额－抵减前的应纳税额

【例1－13】 某服务业一般纳税人，适用加计抵减政策。2019年6月，该纳税人一般计税项目销项税额为180万元，进项税额为130万元，上期留抵税额为10万元，上期结转加计抵减额余额为5万元，简易计税项目销售额为100万元（不含税），征收率为3%。无其他涉税事项。

（1）一般计税项目：

抵减前的应纳税额＝180－130－10＝40（万元）

当期计提加计抵减额＝130×10%＝13（万元）

当期可抵减加计抵减额＝5＋13＝18（万元）

抵减后的应纳税额＝40－18＝22（万元）

（2）简易计税项目：

应纳税额＝100×3%＝3（万元）

（3）应纳税额合计：

该纳税人应纳税额合计＝一般计税项目应纳税额＋简易计税项目应纳税额＝22＋3＝25（万元）

【例1－14】 接【例1－13】，进项税额为160万元，其他条件不变。

（1）一般计税项目：

抵减前的应纳税额＝180－160－10＝10（万元）

当期计提加计抵减额＝160×10%＝16（万元）

当期可抵减加计抵减额＝5＋16＝21（万元）

抵减后的应纳税额＝10－10＝0（万元）

加计抵减额余额＝21－10＝11（万元）

（2）简易计税项目：

应纳税额 =100×3% =3（万元）

（3）应纳税额合计：

该企业应纳税额合计 = 一般计税项目应纳税额 + 简易计税项目应纳税额 =0+3=3（万元）

2. 进项税额转出

纳税人计提当期加计抵减额时，若纳税人的进项税额按规定不得从销项税额中抵扣，同时也不得计提加计抵减额；已计提加计抵减额的进项税额，按规定作进项税额转出的，应在进项税额转出当期，相应调减加计抵减额。

【例 1－15】 接【例 1－13】，当期购进的货物用于集体福利进项税额转出 8 万元，其他条件不变。

（1）一般计税项目：

抵减前的应纳税额 =180－（130－8）－10=48（万元）

当期计提加计抵减额 =（130－8）×10% =12.2（万元）

当期可抵减加计抵减额 =5+12.2=17.2（万元）

抵减后的应纳税额 =40－17.2=22.8（万元）

（2）简易计税项目：

应纳税额 =100×3% =3（万元）

（3）应纳税额合计：

该企业应纳税额合计 = 一般计税项目应纳税额 + 简易计税项目应纳税额 =22.8+3=25.8（万元）

若纳税人 2019 年已适用加计抵减政策，但由于 2019 年四项服务销售额占比未达标，2020 年不再享受加计抵减政策，结余的加计抵减额停止抵减。但若该纳税人 2019 年已计提加计抵减额的进项税额在 2020 年发生进项税额转出时，应相应调减加计抵减额。

3. 未抵减完的可以后抵减

加计抵减额本期抵减不完的，可结转至下期继续抵减。

若2019年有未抵减完的加计抵减额，但2020年四项服务销售额的比重未超过50%，则2020年不能享受加计抵减政策，若2021年比重超过50%，又可以享受加计抵减政策，则2019年未抵减完的加计抵减额可在2021年继续抵减。

根据《国家税务总局关于小规模纳税人免征增值税政策有关征管问题的公告》（国家税务总局公告2019年第4号）规定，2019年12月31日前，符合条件的一般纳税人可选择转登记为小规模纳税人。若一般纳税人转登记为小规模纳税人，则未抵减完的加计抵减额在小规模纳税人期间不得抵减，待又登记为一般纳税人后，之前未抵减完的加计抵减额可继续抵减。

4. 会计处理

《财政部会计司关于〈关于深化增值税改革有关政策的公告〉适用〈增值税会计处理规定〉有关问题的解读》规定："生产、生活性服务业纳税人取得资产或接受劳务时，应当按照《增值税会计处理规定》的相关规定对增值税相关业务进行会计处理；实际缴纳增值税时，按应纳税额借记'应交税费——未交增值税'等科目，按实际纳税金额贷记'银行存款'科目，按加计抵减的金额贷记'其他收益'科目。"

例如【例1－13】，会计处理如下：

借：应交税费——未交增值税　　400000

　　　　　　——简易计税　　30000

　贷：银行存款　　250000

　　　其他收益　　180000

按照财政部会计司规定，加计抵减的金额计入"其他收益"科目贷方。

《企业会计准则第16号——政府补助》（财会〔2017〕15号）第十一条规定："与企业日常活动相关的政府补助，应当按照经济业务实质，计入其他收益或冲减相关成本费用。与企业日常活动无关的政府补助，应当计入营业外收支。"

"其他收益"为损益类科目，计入企业利润总额。且不符合不征税收入条件，须缴纳企业所得税。

1.2.6 申报表填报

《国家税务总局关于调整增值税纳税申报有关事项的公告》(国家税务总局公告2019年第15号)发布了新版增值税一般纳税人申报表,在《增值税纳税申报表附列资料(四)》中增加“二、加计抵减情况”相关栏次,用于填报加计抵减额。

该栏次填写分为三步。

第一步:填写1至4列,计算出本期可抵减额。

第二步:填报第5列“本期实际抵减额”。若第4列＜“本期可抵减额”≥0,且第4列＜主表第11栏“销项税额”－第18栏“实际抵扣税额”(即抵减前的应纳税额),则第5列＝第4列;若第4列≥主表第11栏－第18栏,则第5列＝主表第11栏－第18栏;若第4列＜0,则第5列等于0。

第三步:计算第6列“期末余额”。过渡到主表,第19栏“应纳税额”＝第11栏－第18栏－“实际抵减额”。“实际抵减额”对应附列资料(四)的第5列。

【例1－16】 某服务业一般纳税人,适用加计抵减政策。2019年6月,一般计税项目销项税额为150万元,进项税额为138万元,上期留抵税额为10万元,购进的货物用于集体福利进项税额转出8万元,上期结转加计抵减额余额为5万元,简易计税项目销售额为100万元(不含税),征收率为3%。无其他涉税事项。

(1)一般计税项目:

抵减前的应纳税额＝150－(138－8)－10＝10(万元)

当期计提加计抵减额＝(138－8)×10%＝13(万元)

当期可抵减加计抵减额＝5＋13＝18(万元)

抵减后的应纳税额＝10－10＝0(万元)

加计抵减额余额＝18－10＝8(万元)

(2)简易计税项目:

应纳税额＝100×3%＝3(万元)

(3) 应纳税额合计:

该企业应纳税额合计 = 一般计税项目应纳税额 + 简易计税项目应纳税额 = 0 + 3 = 3 (万元)

申报表填报如下:

(1) 增值税纳税申报表附列资料 (四):

由于第 4 列 18 万元 > 主表第 11 栏 − 第 18 栏 = 10 万元, 则第 5 列 = 主表第 11 栏 − 第 18 栏 = 10 万元。

序号	加计抵减项目	期初余额	本期发生额	本期调减额	本期可抵减额	本期实际抵减额	期末余额
		1	2	3	4 = 1 + 2 − 3	5	6 = 4 − 5
6	一般项目加计抵减额计算	50000	1380000 × 10% = 138000	80000 × 10% = 8000	180000	100000	80000

(2) 增值税纳税申报表 (一般纳税人适用):

项目		栏次	一般项目		即征即退项目	
			本月数	本年累计	本月数	本年累计
税款计算	销项税额	11	1500000			
	进项税额	12	1380000			
	上期留抵税额	13	100000			—
	进项税额转出	14	80000			
	……					
	应抵扣税额合计	17 = 12 + 13 − 14 − 15 + 16	1400000	—		—
	实际抵扣税额	18 (如 17 < 11, 则为 17, 否则为 11)	1400000			
	应纳税额	19 = 11 − 18	0			
	……					
	简易计税办法计算的应纳税额	21	30000			
	……					
	应纳税额合计	24 = 19 + 21 − 23	30000			

1.2.7 注意事项

加计抵减政策的注意事项主要包括：

（1）政策执行期限

加计抵减是临时性优惠政策，执行期限为2019年4月1日至2021年12月31日，到期停止计提加计抵减额，未抵减完的停止抵减。加计抵减政策执行到期前纳税人注销，结余的加计抵减额同样适用上述规定，不再进行相应处理。需要说明的是，此处加计抵减额的结余，包括正数也包括负数。

（2）只适用于一般纳税人一般计税方法

加计抵减政策只适用于一般纳税人按照一般计税方法下的应纳税额，不适用于小规模纳税人及一般纳税人简易计税方法项目。

（3）只适用于当期可抵扣的进行税额

加计抵减政策只适用于当期可抵扣的进项税额，当期留抵税额不能加计抵减。

（4）不得从销项税额中抵扣的进项税额不能计提加计抵减额

按照现行规定不得从销项税额中抵扣的进项税额，不能计提加计抵减额。

（5）不适用于出口

纳税人出口货物劳务、发生跨境应税行为不适用加计抵减政策。

纳税人兼营出口货物劳务、发生跨境应税行为且无法划分不得计提加计抵减额的进项税额，按照以下公式计算：

不得计提加计抵减额的进项税额＝当期无法划分的全部进项税额×当期出口货物劳务和发生跨境应税行为的销售额÷当期全部销售额

（6）加计抵减额不能申请留抵退税

此次改革同时规定了留抵退税政策，符合条件的纳税人，增量留抵税额可以向税务机关申请退还。留抵税额是进项税额大于销项税额造成的，加计抵减额并不是纳税人的进项税额，从上述加计抵减额的形成机制来看，加计抵减不会形成留抵税额，因而也不能申请留抵退税。

（7）注意与企业所得税的衔接

如上所述，增值税加计抵减的税额应计入企业所得税应纳税所得额，若企业处于小型微利企业临界点，须慎重考虑是享受增值税加计抵减优惠政策，还是享受企业所得税小型微利企业优惠政策。

【例1－17】 某企业2019年度应纳税所得额为290万元，可享受加计抵减20万元。

情况一：若享受加计抵减，则应缴纳企业所得税＝（290＋20）×25%＝77.5（万元）。

情况二：若不享受加计抵减，则应缴纳企业所得税＝100×5%＋（290－100）×10%＝24（万元）。

综上，若享受加计抵减，该企业少缴纳增值税20万元，多缴纳企业所得税53.5万元（77.5－24＝53.5），合计多缴纳税款33.5万元（53.5－20＝33.5）；若不享受加计抵减，该企业多缴纳增值税20万元，少缴纳企业所得税53.5万元，合计少缴纳税款33.5万元。显然不享受加计抵减更为合适。

（8）其他

2019年4月1日以后取得16%、10%税率的增值税专用发票，只要符合进项税额抵扣规定，也可以参与计算加计抵减额。

纳税人如果同时兼营农产品深加工业务，其购进用于生产或者委托加工13%税率货物的农产品，可按照10%扣除率计算进项税额，并可同时适用加计抵减政策。

1.3 扩大抵扣范围

1.3.1 国内旅客运输服务

《财政部　国家税务总局关于全面推开营业税改征增值税试点的通知》（财税〔2016〕36号）附件1《营业税改征增值税试点实施办法》第二十七条第一款第（六）项规定，购进的“旅客运输服务”不得抵扣进项税额；财政部、税务总局、海关总署公告2019年第39号第六条规定，自2019年4月1日起，“纳税人购进国内旅客运输服务，其进项税额允许从销项税额中抵扣”。该政策未设置抵扣期限。

纳税人未取得增值税专用发票的，暂按照以下规定确定进项税额：

（1）取得增值税电子普通发票的，为发票上注明的税额；

（2）取得注明旅客身份信息的航空运输电子客票行程单的，为按照下列公式计算进项税额：

航空旅客运输进项税额＝（票价＋燃油附加费）÷（1＋9%）×9%

（3）取得注明旅客身份信息的铁路车票的，为按照下列公式计算的进项税额：

铁路旅客运输进项税额＝票面金额÷（1＋9%）×9%

（4）取得注明旅客身份信息的公路、水路等其他客票的，按照下列公式计算进项税额：

公路、水路等其他旅客运输进项税额＝票面金额÷（1＋3%）×3%

1.3.2 注意事项

扩大抵扣范围政策的注意事项主要包括：

（1）仅限于国内旅客运输服务，国际旅客运输服务不能抵扣。国内飞往国外的联程机票，分别载明国内航段和国外航段信息的，可以按机票上注明的国内航段价格抵扣。

（2）目前只允许注明旅客身份信息的航空运输电子客票行程单、铁路车票、公路和水路等其他客票，作为进项税抵扣凭证，未注明旅客身份信息的不能抵扣，手写的旅客身份信息无效。但是，由于部分客票票面样式不统一，票面记载旅客身份信息的内容也不尽相同，在实际操作中，只要是通过实名制购票方式购买，并注明旅客姓名或身份证件号码的，就属于按规定注明旅客身份信息的票证，可以计算抵扣进项税额。

（3）可抵扣的航空旅客运输只包括票价和燃油附加费，不包括民航发展基金。

（4）只有2019年4月1日之后出具的车（机）票才能抵扣进项税额。例如，企业员工于3月31日乘高铁出差，4月1日返程，取得了注明该员工身份信息、乘车日期分别为3月31日和4月1日的两张高铁车票。则4月1日的高铁车票可计算抵扣进项税额，而3月31日的高铁车票不能抵扣。

（5）可以抵扣的国内旅客运输服务，是指与本企业建立了合法用工关系的雇员，所发生的国内旅客运输费用允许抵扣其进项税额。即使是企业的外籍雇员，因公出差取得注明护照信息的国内运输票据，也能够抵扣。但纳税人如果为非雇员支付的旅客运输费用，不能纳入抵扣范围。如纳税人为客户、邀请讲课专家等存在业务合作关系的人员支付的旅客运输费用，不能抵扣进项税额。需要注意的是，劳务派遣人员的交通费，由用工单位抵扣，不由劳务派遣公司抵扣。

（6）财税〔2016〕36号文件附件1《营业税改征增值税试点实施办法》第二十七条第一款第（一）项规定，下列项目的进项税额不得从销项税额中抵扣：用于简易计税方法计税项目、免征增值税项目、集体福利或者个人消费的购进货物、加工修理修配劳务、服务、无形资产和不动产。其中涉及的固定资产、无形资产、不动产，仅指专用于上述项目的固定资产、无形资产（不包括其他权益性无形资产）、不动产。因此，即使是本企业雇员购买的国内旅客运输服务，应用于生产经营所需，若属于集体福利或者个人消费，如组织职工旅游、疗养、回家探亲等，其进项税额不得从销项税额中抵扣。

（7）有的企业交通费有报销标准，员工出差乘坐交通工具超过报销标准，企业只支付标准内的费用，超标部分由员工自己承担。在此情况下，企业只能按照实际支付的金额来计算进项税额，员工自己承担的部分属于个人消费，不允许计算抵扣。

1.3.3 申报表填报

纳税人购进国内旅客运输服务，取得增值税电子普通发票或注明旅客身份信息的航空、铁路等票据，按规定可抵扣的进项税额，在申报时填写在《增值税纳税申报表附列资料（二）》第8b栏“其他”中。

【例1－18】 某企业为增值税一般纳税人，2019年4月购进按规定允许抵扣的国内旅客运输服务。取得1份增值税专用发票，金额20000元，税额1800元；取得1份增值税电子普通发票，金额8000元，税额720元；取得1张注明旅客身份信息的航空运输电子客票行程单，票价2200元，民航发展基金50元，燃油附加费120元；取得5张注明旅客身份信息的铁路车票，票面金额合计2180元；取得15张注明旅客身份信息的公路、水路等其他客票，票面金额合计5150元。

（1）进项税额的计算：

航空旅客运输进项税额 =（2200 + 120）÷（1 + 9%）×9% = 191.56（元）

铁路旅客运输进项税额 =2180 ÷（1 +9%）×9% =180（元）

公路、水路等其他旅客运输进项税额 =5150 ÷（1 +3%）×3% = 150（元）

（2）申报表填报如下：

增值税纳税申报表附列资料（二）：

项目	栏次	份数	金额	税额
（一）认证相符的增值税专用发票	1 =2 +3	1	20000	1800
其中：本期认证相符且本期申报抵扣	2	1	20000	1800
前期认证相符且本期申报抵扣	3			
（二）其他扣税凭证	4 =5 +6 +7 +8a +8b			
其中：海关进口增值税专用缴款书	5			
农产品收购发票或者销售发票	6			
代扣代缴税收缴款凭证	7		—	
加计扣除农产品进项税额	8a	—	—	
其他	8b	22	17128.44①	1241.56②
（三）本期用于购建不动产的扣税凭证	9			

① 8000 +（2200 +120）÷（1 +9%）+2180 ÷（1 +9%）+5150 ÷（1 +3%）=17128.44

② 720 +191.56 +180 +150 =1241.56

续表

项目	栏次	份数	金额	税额
（四）本期用于抵扣的旅客运输服务扣税凭证	10	23	37128.44	3041.56
（五）外贸企业进项税额抵扣证明	11	—	—	
当期申报抵扣进项税额合计	12 = 1 + 4 + 11	23	37128.44	3041.56

1.3.4 不动产一次性抵扣

1.3.4.1 政策规定

财税〔2016〕36 号文件附件 2《营业税改征增值税试点有关事项的规定》第一条第（四）项规定："适用一般计税方法的试点纳税人，2016 年 5 月 1 日后取得并在会计制度上按固定资产核算的不动产或者 2016 年 5 月 1 日后取得的不动产在建工程，其进项税额应自取得之日起分 2 年从销项税额中抵扣，第一年抵扣比例为 60%，第二年抵扣比例为 40%。"财政部、税务总局、海关总署公告 2019 年第 39 号第五条规定："自 2019 年 4 月 1 日起，《营业税改征增值税试点有关事项的规定》（财税〔2016〕36 号印发）第一条第（四）项第 1 点、第二条第（一）项第 1 点停止执行，纳税人取得不动产或者不动产在建工程的进项税额不再分 2 年抵扣。此前按照上述规定尚未抵扣完毕的待抵扣进项税额，可自 2019 年 4 月税款所属期起从销项税额中抵扣。"本条规定将营改增时规定的纳税人购进不动产分 2 年抵扣改为一次性抵扣。

1.3.4.2 可抵扣的不动产的范围

根据《国家税务总局关于发布〈不动产进项税额分期抵扣暂行办法〉的公告》（国家税务总局公告 2016 年第 15 号）① 规定，增值税一般纳税人 2016 年 5 月 1 日后取得并在会计制度上按固定资产核算的不动产，以及 2016 年 5 月 1 日后发生的不动产在建工程，其进项税额可从销项税额中抵扣。

取得的不动产，包括以直接购买、接受捐赠、接受投资入股以及抵债等

① 根据国家税务总局公告 2019 年第 14 号规定，国家税务总局公告 2016 年第 15 号自 2019 年 4 月 1 日废止。

各种形式取得的不动产。

纳税人新建、改建、扩建、修缮、装饰不动产，属于不动产在建工程。

纳税人2016年5月1日后购进货物和设计服务、建筑服务，用于新建不动产，或者用于改建、扩建、修缮、装饰不动产并增加不动产原值超过50%的，其进项税额依照《不动产进项税额分期抵扣暂行办法》有关规定分2年从销项税额中抵扣。

不动产原值，是指取得不动产时的购置原价或作价。

上述分2年从销项税额中抵扣的购进货物，是指构成不动产实体的材料和设备，包括建筑装饰材料和给排水、采暖、卫生、通风、照明、通讯、煤气、消防、中央空调、电梯、电气、智能化楼宇设备及配套设施。可参考《财政部 国家税务总局关于固定资产进项税额抵扣问题的通知》（财税〔2009〕113号）相关规定。

需要注意的是，如果购进的该部分材料成本未计入不动产原值，则该项购进材料进项税额可于当期全部抵扣；如果购进的该部分材料成本计入不动产原值，那么应区分两种情况：一是购进该部分材料成本未达到不动产原值的50%，则该项购进材料的进项税额可于当期全部抵扣；二是购进该部分材料成本达到或超过不动产原值50%，该项购进材料进项税额应分2年抵扣。纳税人购进其他服务，如设计服务、建筑服务等，直接耗用于自建不动产的，应按照上述购进材料直接用于自建不动产的情况，分别处理。

另外，房地产开发企业自行开发的房地产项目，融资租入的不动产，以及在施工现场建造的临时建筑物、构筑物，其进项税额本来就不适用分2年抵扣的规定。房地产开发企业自行开发的房地产项目，适用《国家税务总局关于发布〈房地产开发企业销售自行开发的房地产项目增值税征收管理暂行办法〉的公告》（国家税务总局公告2016年第18号）；融资租入的不动产按照不动产融资租赁抵扣；在施工现场建造的临时建筑物、构筑物可以一次性抵扣。

1.3.4.3 抵扣时间

国家税务总局公告2016年第15号规定："进项税额中，60%的部分于取得扣税凭证的当期从销项税额中抵扣；40%的部分为待抵扣进项税额，于取得扣税凭证的当月起第13个月从销项税额中抵扣。"现纳税人尚未抵扣的

40%待抵扣进项税额可自2019年4月税款所属期起从销项税额中抵扣。

按照财政部、税务总局、海关总署公告2019年第39号的规定，纳税人尚未抵扣的40%待抵扣进项税额不必等到13个月后再抵扣，既可以在2019年4月税款所属期一次性抵扣，也可以在2019年4月之后的任意税款所属期进行抵扣。

例如，纳税人于2018年9月购入一栋写字楼，当月已抵扣60%进项税额，余下的40%进项税额应于2019年9月抵扣。2019年4月1日后，40%部分既可以在2019年4月税款所属期一次性抵扣，也可以在2019年4月之后的任意税款所属期进行抵扣，但是不能在4月申报2019年3月税款所属期时抵扣。若纳税人的不动产为2019年3月购入，3月税款所属期时仍然只能抵扣60%，余下的40%进项税额自4月税款所属期起将抵扣完毕，不能在3月税款所属期一次性抵扣。

需要注意的是，纳税人尚未抵扣的40%进项税额，自2019年4月所属期起，只能一次性转入进项税额进行抵扣，不能分期抵扣。

纳税人2019年4月1日后购进的不动产，正常抵扣。

1.3.4.4 会计处理

【例1-19】 某企业为一般纳税人，于2018年8月购进一项不动产，购入价为1100万元，取得增值税专用发票。

进项税额＝1100÷（1＋10%）×10%＝100（万元）

取得扣税凭证的当期，即2018年8月可抵扣进项税额＝100×60%＝60（万元）。

2018年8月会计处理如下：

借：固定资产　　10000000

　　应交税费——应交增值税（进项税额）　　600000

　　　　　　——待抵扣进项税额　　400000

　贷：银行存款　　11000000

2019年4月，该纳税人将余下的40%进项税额抵扣，会计处理如下：

借：应交税费——应交增值税（进项税额）　　400000

　　贷：应交税费——待抵扣进项税额　　400000

【例1－20】 某企业为一般纳税人，于2019年8月购进一项不动产，购入价为1090万元，取得增值税专用发票。

进项税额＝1090÷（1＋9%）×9%＝90（万元）

会计处理如下：

借：固定资产　　10000000

　　应交税费——应交增值税（进项税额）　　900000

　　贷：银行存款　　10900000

1.3.4.5 申报表填报

1. 2019年4月1日前购进的不动产

如【例1－19】，纳税人可在2019年4月税款所属期将余下的40%进项税额填入《增值税纳税申报表附列资料（二）》第8b栏"其他""税额"列，同时按照表中所列计算公式计入第4栏"其他扣税凭证"。需要注意的是，由于这笔不动产进项税额是前期结转产生的，因此不应计入本表第9栏"（三）本期用于购建不动产的扣税凭证"中。《增值税纳税申报表附列资料（二）》填报如下：

一、申报抵扣的进项税额				
项目	栏次	份数	金额	税额
（一）认证相符的增值税专用发票	1＝2＋3			
其中：本期认证相符且本期申报抵扣	2			
前期认证相符且本期申报抵扣	3			
（二）其他扣税凭证	4＝5＋6＋7＋8a＋8b			400000
其中：海关进口增值税专用缴款书	5			
农产品收购发票或者销售发票	6			

续表

项目	栏次	份数	金额	税额
代扣代缴税收缴款凭证	7		—	
加计扣除农产品进项税额	8a	—	—	
其他	8b			400000
（三）本期用于购建不动产的扣税凭证	9			
（四）本期用于抵扣的旅客运输服务扣税凭证	10			
（五）外贸企业进项税额抵扣证明	11	—	—	
当期申报抵扣进项税额合计	12 = 1 + 4 + 11			400000

2. 2019 年 4 月 1 日后购进的不动产

纳税人于 2019 年 4 月 1 日后购进的不动产，应将购入不动产取得的增值税专用发票份数，以及专用发票上注明的金额、税额填入《增值税纳税申报表附列资料（二）》第 2 行“其中：本期认证相符且本期申报抵扣”的对应栏次；同时，还需将上述内容填入本表第 9 行“（三）本期用于购建不动产的扣税凭证”的对应栏次。

如【例 1 - 20】，《增值税纳税申报表附列资料（二）》填报如下：

一、申报抵扣的进项税额				
项目	栏次	份数	金额	税额
（一）认证相符的增值税专用发票	1 = 2 + 3	1	10000000	900000
其中：本期认证相符且本期申报抵扣	2	1	10000000	900000
前期认证相符且本期申报抵扣	3			
（二）其他扣税凭证	4 = 5 + 6 + 7 + 8a + 8b			
其中：海关进口增值税专用缴款书	5			
农产品收购发票或者销售发票	6			
代扣代缴税收缴款凭证	7		—	
加计扣除农产品进项税额	8a	—	—	

续表

项目	栏次	份数	金额	税额
其他	8b			
（三）本期用于购建不动产的扣税凭证	9	1	10000000	900000
（四）本期用于抵扣的旅客运输服务扣税凭证	10			
（五）外贸企业进项税额抵扣证明	11	—	—	
当期申报抵扣进项税额合计	12 = 1 + 4 + 11	1	10000000	900000

1.3.4.6 已抵扣的不动产变为不得抵扣

国家税务总局公告2019年第14号第六条规定：

“已抵扣进项税额的不动产，发生非正常损失，或者改变用途，专用于简易计税方法计税项目、免征增值税项目、集体福利或者个人消费的，按照下列公式计算不得抵扣的进项税额，并从当期进项税额中扣减：

不得抵扣的进项税额 = 已抵扣进项税额 × 不动产净值率

不动产净值率 = （不动产净值 ÷ 不动产原值） × 100%”

根据财税〔2016〕36号文件附件1《营业税改征增值税试点实施办法》规定，“固定资产、无形资产或者不动产净值，是指纳税人根据财务会计制度计提折旧或摊销后的余额。”

【例1－21】 某纳税人于2017年12月购进一项不动产，购入价为1110万元，取得增值税专用发票注明税额为110万元①，按20年计提折旧，用于厂房。2019年12月转为职工宿舍。

2019年12月不得抵扣的进项税额为：

不动产净值 = 1000 − 1000 ÷ 20 × 2 = 900（万元）

不动产净值率 = 900 ÷ 1000 × 100% = 90%

不得抵扣的进项税额 = 110 × 90% = 99（万元）

① 当时销售不动产适用11%税率。

2019 年 12 月会计处理如下：

借：固定资产　　990000

　　贷：应交税费——应交增值税（进项税额转出）　　990000

【例 1－22】　某纳税人于 2019 年 12 月购进一项不动产，购入价为 1090 万元，取得增值税专用发票注明税额为 90 万元，按 20 年计提折旧，用于厂房。2021 年 12 月转为职工宿舍。

2019 年 12 月会计处理如下：

借：固定资产　　10000000

　　应交税费——应交增值税（进项税额）　　900000

　　贷：银行存款　　10900000

2021 年 12 月不得抵扣的进项税额为：

不动产净值 $=1000-1000\div 20\times 2=900$（万元）

不动产净值率 $=900\div 1000\times 100\%=90\%$

不得抵扣的进项税额 $=90\times 90\%=81$（万元）

2021 年 12 月会计处理如下：

借：固定资产　　810000

　　贷：应交税费——应交增值税（进项税额转出）　　810000

1.3.4.7　不得抵扣的不动产变为可抵扣

国家税务总局公告 2019 年第 14 号第七条规定：

“按照规定不得抵扣进项税额的不动产，发生用途改变，用于允许抵扣进项税额项目的，按照下列公式在改变用途的次月计算可抵扣进项税额。

可抵扣进项税额 = 增值税扣税凭证注明或计算的进项税额 × 不动产净值率”

【例 1－23】　某纳税人于 2017 年 12 月购进一项不动产，购入价为 1110 万元，取得增值税专用发票注明税额为 110 万元，按 20 年计提折旧，用于职工宿舍。2019 年 12 月转为厂房。

2020 年 1 月可抵扣的进项税额为：

不动产净值 = 1110 - 1110 ÷ 20 × 2 = 999（万元）

不动产净值率 = 999 ÷ 1110 × 100% = 90%

可抵扣进项税额 = 110 × 90% = 99（万元）

2020 年 1 月会计处理如下：

借：应交税费——应交增值税（进项税额）　　990000

　　贷：固定资产　　990000

【例 1-24】 某纳税人于 2019 年 12 月购进一项不动产，购入价为 1090 万元，取得增值税专用发票注明税额为 90 万元，按 20 年计提折旧，用于职工宿舍。2021 年 12 月转为厂房。

2019 年 12 月会计处理如下：

借：固定资产　　10900000

　　贷：银行存款　　10900000

2022 年 1 月可抵扣的进项税额为：

不动产净值 = 1090 - 1090 ÷ 20 × 2 = 981（万元）

不动产净值率 = 981 ÷ 1090 × 100% = 90%

可抵扣进项税额 = 90 × 90% = 81（万元）

2022 年 1 月会计处理如下：

借：应交税费——应交增值税（进项税额）　　810000

　　贷：固定资产　　810000

需要注意的是：

（1）已抵扣的不动产变为不得抵扣的，计算出不得抵扣的进项税额，在该不动产改变用途的当期从进项税额中扣减；不得抵扣的不动产变为可抵扣的，在改变用途的次月计算可抵扣进项税额。前者是在改变用途的当期从进项税额中扣减，后者是在改变用途的次月从销项税额中抵扣。

（2）不得抵扣的不动产变为可抵扣的不动产，指的是 2016 年 5 月 1 日营改增后购进的不动产，并非 2016 年 4 月 30 日前购进的不得抵扣的不动产。这是因为，可抵扣进项税额，应取得2016年5月1日后开具的合法有效的增值税扣税凭证，而2016年4月30日前购进的不动产不可能取得增值税扣税凭证。

（3）若纳税人于2016年5月1日后购进不动产取得的是普通发票，没有抵扣，转变用途后也不能抵扣。

（4）除了增值税，还要关注企业所得税。已抵扣的不动产变为不得抵扣的，增加固定资产余值，增加折旧；不得抵扣的不动产变为可抵扣的，减少固定资产余值，减少折旧。

1.4 留抵退税

1.4.1 政策沿革

目前，世界上大多数国家和地区都采取增值税留抵退税的做法，即只要纳税人允许抵扣的进项税额超过其销项税额，在符合一定条件的情况下，税务机关在规定的时间内对差额部分予以退还。但一直以来，我国实行留抵不退税制度。《增值税暂行条例》第四条第三款规定：“当期销项税额小于当期进项税额不足抵扣时，其不足部分可以结转下期继续抵扣。”销项税额小于当期进项税额形成的留抵税额只能留待以后期间抵扣，没有时间限制。只能留抵，不能退税，甚至直到企业注销也不予退税。《财政部　国家税务总局关于增值税若干政策的通知》（财税〔2005〕165号）第六条规定：“一般纳税人注销或被取消辅导期一般纳税人资格，转为小规模纳税人时，其存货不作进项税额转出处理，其留抵税额也不予以退税。”

2018年之前，我国已在以下四类企业实行了增值税留抵退税：

集成电路企业采购设备形成的留抵税额准予退还。《财政部　国家税务总局关于退还集成电路企业采购设备增值税期末留抵税额的通知》（财税〔2011〕107号）规定，对国家批准的集成电路重大项目企业因购进设备形成的增值税留抵税额准予退还。

企业从事大型客机和新支线飞机的研发和销售形成的留抵税额准予退还。

《财政部 国家税务总局关于大型客机和新支线飞机增值税政策的通知》（财税〔2016〕141号）规定，对纳税人从事大型客机、大型客机发动机研制项目而形成的增值税留抵税额予以退还，对纳税人因生产销售新支线飞机而形成的增值税留抵税额予以退还。

企业外购用于生产特定化工产品的石脑油、燃料油2014年2月28日前形成的留抵税额准予退还。《财政部 国家税务总局关于利用石脑油和燃料油生产乙烯芳烃类产品有关增值税政策的通知》（财税〔2014〕17号）规定，自2014年3月1日起，企业外购用于生产特定化工产品的石脑油、燃料油，其价格中消费税部分对应的增值税额予以退还。在2014年2月28日前形成的增值税期末留抵税额，可在不超过其购进2类油品的价格中消费税部分对应的增值税的规模下，申请一次性退还。

2018年之后，《财政部 税务总局关于2018年退还部分行业增值税留抵税额有关税收政策的通知》（财税〔2018〕70号）规定，自2018年5月1日起，对装备制造等先进制造业、研发等现代服务业符合条件的企业和电网企业在一定时期内未抵扣完的进项税额予以一次性退还。

1.4.2 政策规定

财政部、税务总局、海关总署公告2019年第39号第八条规定，自2019年4月1日起，试行增值税期末留抵税额退税制度，不再区分行业。企业符合自2019年4月税款所属期起，连续6个月（按季纳税的，连续两个季度）增量留抵税额均大于零，且第6个月增量留抵税额不低于50万元等相关条件，其增量留抵税额乘以进项构成比例的60%可以申请退还。

这次留抵退税，是全面试行留抵退税制度，不再区分行业，只要增值税一般纳税人符合规定的条件，都可以申请退还增值税增量留抵税额。

1.4.3 留抵退税的条件

同时符合以下条件的纳税人，可以向主管税务机关申请退还增量留抵税额：

（1）自2019年4月税款所属期起，连续6个月（按季纳税的，连续两个季度）增量留抵税额均大于零，且第6个月增量留抵税额不低于50万元；

（2）纳税信用等级为A级或者B级；

（3）申请退税前36个月未发生骗取留抵退税、出口退税或虚开增值税专用发票情形的；

（4）申请退税前36个月未因偷税被税务机关处罚两次及以上的；

（5）自2019年4月1日起未享受即征即退、先征后返（退）政策的。

财政部、税务总局、海关总署公告2019年第39号所称增量留抵税额，是指与2019年3月底相比新增加的期末留抵税额。

需要注意的是，将纳税人2019年3月底的留抵税额时点数固定设为存量留抵，纳税人每个月的增量留抵，都是和2019年3月底的留抵比新增加的留抵税额；财政部、税务总局、海关总署公告2019年第39号规定的是“从4月税款所属期起连续六个月”，只能从4月开始往后算6个月，也就是说，最早满足连续6个月的情形，是2019年4—9月的连续6个月。但是，连续6个月并不一定从2019年4月开始算，纳税人可以从4月以后的任何一个月开始计算连续6个月，比如5—10月、6—11月，等等。

2019年4月1日后新设立的纳税人，2019年3月底留抵税额为0，因此其增量留抵税额即当期的期末留抵税额。

若纳税人2019年4月1日前是小规模纳税人，当期期末留抵税额为0；4月1日后登记为一般纳税人，若有期末留抵税额即为增量留抵税额。

即：第1~5个月各月留抵税额－2019年3月底留抵税额>0，且第6个月留抵税额－2019年3月底留抵税额>50万元。

1.4.4 留抵退税的计算

纳税人当期允许退还的增量留抵税额，按照以下公式计算：

允许退还的增量留抵税额＝增量留抵税额×进项构成比例×60%

进项构成比例，为2019年4月至申请退税前一税款所属期内已抵扣的增值税专用发票（含税控机动车销售统一发票）、海关进口增值税专用缴款书、解缴税款完税凭证注明的增值税额占同期全部已抵扣进项税额的比重。

进项构成比例的分子是增值税专用发票（含税控机动车销售统一发票）、

海关进口增值税专用缴款书、解缴税款完税凭证三项，分母是所有可抵扣的凭证，除分子中包含的三项外，还包括农产品收购发票、旅客运输服务扣税凭证（非专用发票）等。

纳税人2019年4月1日以后一次性转入的待抵扣部分的不动产进项税额，在当期形成留抵税额的，可用于计算增量留抵税额。

因纳税申报、稽查查补和评估调整等原因，造成期末留抵税额发生变化的，按最近一期《增值税纳税申报表（一般纳税人适用）》期末留抵税额确定允许退还的增量留抵税额。

纳税人既有增值税欠税，又有期末留抵税额的，按最近一期《增值税纳税申报表（一般纳税人适用）》期末留抵税额，抵减增值税欠税后的余额确定允许退还的增量留抵税额。

【例1－25】 某企业2019年3月底存量留抵50万元，4—9月的留抵税额分别为60万元、55万元、80万元、70万元、90万元和100万元，4—9月全部凭增值税专用发票抵扣进项。由于纳税人连续6个月都有增量留抵税额，且9月增量留抵税额为50万元。如果该企业也同时满足其他四项退税条件，则在10月纳税申报期时可向主管税务机关申请退还留抵税额30万元（50×100%×60%＝30）。如果该企业10月收到了30万元退税款，则该企业10月的留抵税额就应从100万元调减为70万元（100－30＝70）。此后，纳税人可将10月作为起始月，再往后连续计算6个月来看增量留抵税额的情况，如再次满足退税条件，可继续按规定申请留抵退税。

【例1－26】① 接【例1－25】，若该企业2019年10月增值税销项税额为160万元，进项税额为80万元。

①若不申请留抵退税，留抵税额为100万元，160－80－100＝－20（万元），不缴纳增值税；

②若申请留抵退税，则留抵税额变为70万元，缴纳增值税税额＝160－80－70＝10（万元）。

1.4.5 申报表填报

主管税务机关退还留抵税额时，纳税人应将退还的留抵税额填入《增值税纳税申报表附列资料（二）》第22栏“上期留抵税额退税”。

如【例1－26】②，纳税人在2019年10月（税款所属期）申报时，申报表填报如下：

（1）增值税纳税申报表附列资料（二）：

二、进项税额转出额		
项目	栏次	税额
本期进项税额转出额	13＝14至23之和	300000
其中：免税项目用	14	
集体福利、个人消费	15	
非正常损失	16	
简易计税方法征税项目用	17	
免抵退税办法不得抵扣的进项税额	18	
纳税检查调减进项税额	19	
红字专用发票信息表注明的进项税额	20	
上期留抵税额抵减欠税	21	
上期留抵税额退税	22	300000
其他应作进项税额转出的情形	23	

（2）增值税纳税申报表（一般纳税人适用）：

项目		栏次	一般项目		即征即退项目	
			本月数	本年累计	本月数	本年累计
税款计算	销项税额	11	1600000			
	进项税额	12	800000			
	上期留抵税额	13	1000000			—
	进项税额转出	14	300000			

续表

项目		栏次	一般项目		即征即退项目	
			本月数	本年累计	本月数	本年累计
税款计算	免、抵、退应退税额	15			—	—
	按适用税率计算的纳税检查应补缴税额	16			—	—
	应抵扣税额合计	17 = 12 + 13 − 14 − 15 + 16	1500000	—		—
	实际抵扣税额	18（如 17 < 11，则为 17，否则为 11）	1500000			
	应纳税额	19 = 11 − 18	100000			
	期末留抵税额	20 = 17 − 18				—
	简易计税办法计算的应纳税额	21				
	按简易计税办法计算的纳税检查应补缴税额	22			—	—
	应纳税额减征额	23				
	应纳税额合计	24 = 19 + 21 − 23	100000			

1.4.6　退税程序

1.4.6.1　申请退税的时间

纳税人应在增值税纳税申报期内，向主管税务机关申请退还留抵税额。如上所述，2019 年 10 月将是符合退税条件的纳税人提出退税申请的首个期间。

纳税人申请办理留抵退税，应于符合留抵退税条件的次月起，在增值税纳税申报期内，完成本期增值税纳税申报后，通过电子税务局或办税服务厅提交《退（抵）税申请表》。

1.4.6.2　与出口退税的衔接

纳税人出口货物劳务、发生跨境应税行为，适用免抵退税办法的，办理免抵退税后，仍符合财政部、税务总局、海关总署公告 2019 年第 39 号规定条件的，可以申请退还留抵税额，也就是说要按照“先免抵退税，后留抵退税”的原则进行判断；适用免退税办法的，相关进项税额不得用于退还留抵税额。

《国家税务总局关于办理增值税期末留抵税额退税有关事项的公告》（国家税务总局公告2019年第20号）第九条第二项规定："纳税人在同一申报期既申报免抵退税又申请办理留抵退税的，或者在纳税人申请办理留抵退税时存在尚未经税务机关核准的免抵退税应退税额的，应待税务机关核准免抵退税应退税额后，按最近一期《增值税纳税申报表（一般纳税人适用）》期末留抵税额，扣减税务机关核准的免抵退税应退税额后的余额确定允许退还的增量留抵税额。税务机关核准的免抵退税应退税额，是指税务机关当期已核准，但纳税人尚未在《增值税纳税申报表（一般纳税人适用）》第15栏'免、抵、退应退税额'中填报的免抵退税应退税额。"

【例1－27】 2019年10月5日，某纳税人在申报期内既申报了免抵退税，也申请了留抵退税，当期期末留抵税额为100万元。11月5日，该纳税人完成纳税申报，且申报了免抵退税，当期期末留抵税额为120万元。

情况一：假设10月20日，税务机关核准其免抵退税应退税额为50万元。10月25日核准留抵退税时，应如何计算留抵退税额？

分析：10月25日核准时，最近一期申报表中是10月5日申报完成的税款所属期为2019年9月的申报表，当时的期末留抵税额尚未扣减50万元免抵退税应退税额。因此，以期末留抵税额100万元扣减免抵退税应退税额50万元后的余额50万元为依据，计算留抵退税额。

情况二：假设10月20日，税务机关核准其免抵退税应退税额为50万元。11月10日核准留抵退税时，应如何计算留抵退税额？

分析：11月10日核准时，最近一期申报表是11月5日申报完成的税款所属期为2019年10月的申报表，由于10月20日税务机关已核准其免抵退税应退税额，因此，税款所属期为2019年10月的申报表期末留抵税额中已经扣减50万元免抵退税应退税额，直接以期末留抵税额120万元为依据，计算留抵退税额。

国家税务总局公告2019年第20号第十条规定："在纳税人办理增值税纳税申报和免抵退税申报后、税务机关核准其免抵退税应退税额前，核准其前期留抵退税的，以最近一期《增值税纳税申报表（一般纳税人适用）》期末留抵税额，扣减税务机关核准的留抵退税额后的余额，计算当期免抵退税应退税额和免抵税额。税务机关核准的留抵退税额，是指税务机关当期已核准，但纳税人尚未在《增值税纳税申报表附列资料（二）（本期进项税额明细）》第22栏‘上期留抵税额退税’填报的留抵退税额。”

情况三：假设11月10日，税务机关核准其留抵退税额为30万元。11月28日核准其11月申报的免抵退税时，应如何计算免抵退税额？

分析：11月28日核准时，最近一期申报表中11月5日申报完成的税款所属期为2019年10月的申报表，当时的期末留抵税额中尚未扣减30万元留抵退税额。因此，以期末留抵税额120万元扣减留抵退税额30万元后的余额90万元为依据，计算免抵退税额。

1.4.6.3 纳税人的后续操作

纳税人取得退还的留抵税额后，应相应调减当期留抵税额。按照规定再次满足退税条件的，可以继续向主管税务机关申请退还留抵税额，但连续期间不得重复计算。

纳税人取得退还的留抵税额后，又产生新的留抵，要重新按照退税资格条件进行判断。需要特别注意的是，“连续六个月增量留抵税额均大于零”的条件中“连续六个月”是不可重复计算的，即此前已申请退税“连续六个月”的计算期间，不能再次计算，也就是纳税人一个会计年度中，申请退税最多两次。

1.4.7 税务机关的后续管理

国家税务总局公告2019年第20号规定，税务机关在办理留抵退税期间，发现符合留抵退税条件的纳税人存在以下情形，暂停为其办理留抵退税：①存在增值税涉税风险疑点的；②被税务稽查立案且未结案的；③增值税申报比对异常未处理的；④取得增值税异常扣税凭证未处理的；⑤国家税务总局规定的其他情形。

上述列举的增值税涉税风险疑点等情形已排除，且相关事项处理完毕后，按以下规定办理：

（1）纳税人仍符合留抵退税条件的，税务机关继续为其办理留抵退税，并自增值税涉税风险疑点等情形排除且相关事项处理完毕之日起 5 个工作日内完成审核，向纳税人出具准予留抵退税的《税务事项通知书》。

（2）纳税人不再符合留抵退税条件的，不予留抵退税。税务机关应自增值税涉税风险疑点等情形排除且相关事项处理完毕之日起 5 个工作日内完成审核，向纳税人出具不予留抵退税的《税务事项通知书》。

税务机关对增值税涉税风险疑点进行排查时，发现纳税人涉嫌骗取出口退税、虚开增值税专用发票等增值税重大税收违法行为的，终止为其办理留抵退税，并自作出终止办理留抵退税决定之日起 5 个工作日内，向纳税人出具终止办理留抵退税的《税务事项通知书》。

税务机关对纳税人涉嫌增值税重大税收违法行为核查处理完毕后，纳税人仍符合留抵退税条件的，可按照国家税务总局公告 2019 年第 20 号的规定重新申请办理留抵退税。

1.4.8 注意事项

加计抵减额不能申请留抵退税。加计抵减政策属于税收优惠，按照纳税人可抵扣的进项税额的 10% 计算，用于抵减纳税人的应纳税额。但加计抵减额并不是纳税人的进项税额，从加计抵减额的形成机制来看，加计抵减不会形成留抵税额，因而也不能申请留抵退税。

未取得专用发票的旅客运输服务不能申请留抵退税。留抵退税对应的发票应为增值税专用发票（含税控机动车销售统一发票）、海关进口增值税专用缴款书及解缴税款完税凭证，也就是说旅客运输服务计算抵扣的部分并不在退税的范围之内。

纳税人满足留抵退税条件，必须在申报期内完成。因为留抵税额是个时点数，会随着增值税一般纳税人每一期的申报情况发生变化，因此提交留抵退税申请必须在申报期完成，以免对退税数额计算和后续核算产生影响。

若纳税人现在纳税信用等级不为 A 级或者 B 级，待纳税人成为纳税信用等级为A级或者B级后，且满足其他条件，就可以向主管税务机关申请退税。不需要成为A级或B级纳税人后，再连续6个月满足条件才能申请留抵退税。

若纳税人申请留抵退税时纳税信用等级为A级或者B级，后来等级被调整为C级或者D级，税务机关不追缴已退税款，但不能再次申请留抵退税。

留抵退税条件中“自2019年4月1日起未享受即征即退、先征后返（退）政策的”，若纳税人在2019年3月31日前申请即征即退、先征后返（退），在4月1日后收到退税款，则属于“未享受即征即退、先征后返（退）政策”，若纳税人在2019年4月1日后申请并享受即征即退、先征后返（退），则不能申请留抵退税。纳税人也可以放弃申请即征即退、先征后返（退），自2019年4月1日后不再享受即征即退、先征后返（退），则可以申请留抵退税。

1.4.9 “一税两费”

“一税两费”，是指随着增值税缴纳的城市维护建设税，教育费附加和地方教育附加。

2018年，为适应部分行业试行留抵退税的财税〔2018〕70号文件，《财政部 税务总局关于增值税期末留抵退税有关城市维护建设税 教育费附加和地方教育附加政策的通知》（财税〔2018〕80号）规定：“对实行增值税期末留抵退税的纳税人，允许其从城市维护建设税、教育费附加和地方教育附加的计税（征）依据中扣除退还的增值税税额。”该文件并未规定行业，2019年在全行业实施留抵退税仍然适用。

【例1－28】 接【例1－26】②：若该企业2019年10月增值税销项税额为200万元，其他条件不变，则：

应缴纳增值税＝200－80－70＝50（万元）

应缴纳城市维护建设税＝（50－30）×7%＝1.4（万元）

应缴纳教育费附加＝（50－30）×3%＝0.6（万元）

应缴纳地方教育费附加＝（50－30）×2%＝0.4（万元）

1.4.10 先进制造业留抵退税

《财政部 税务总局关于明确部分先进制造业增值税期末留抵退税政策的公告》（财政部 税务总局公告2019年第84号）规定，自2019年6月1日起，符合条件的部分先进制造业纳税人，可以自2019年7月及以后纳税申报期向主管税务机关申请退还增量留抵税额。

1.4.10.1 条件

1. 行业

所称部分先进制造业纳税人，是指按照《国民经济行业分类》，生产并销售非金属矿物制品、通用设备、专用设备及计算机、通信和其他电子设备销售额占全部销售额的比重超过50%的纳税人。

按照《国民经济行业分类（GB/T 4754—2017）》，上述四个行业明细如下：

行业大类	行业中类	行业小类
非金属矿物制品业	水泥、石灰和石膏制造	水泥制造，石灰和石膏制造
	石膏、水泥制品及类似制品制造	水泥制品制造，砼结构构件制造，石棉水泥制品制造，轻质建筑材料制造，其他水泥类似制品制造
	砖瓦、石材等建筑材料制造	粘土砖瓦及建筑砌块制造，建筑用石加工，防水建筑材料制造，隔热和隔音材料制造，其他建筑材料制造
	玻璃制造	平板玻璃制造，特种玻璃制造，其他玻璃制造
	玻璃制品制造	技术玻璃制品制造，光学玻璃制造，玻璃仪器制造，日用玻璃制品制造，玻璃包装容器制造，玻璃保温容器制造，制镜及类似品加工，其他玻璃制品制造
	玻璃纤维和玻璃纤维增强塑料制品制造	玻璃纤维及制品制造，玻璃纤维增强塑料制品制造
	陶瓷制品制造	建筑陶瓷制品制造，卫生陶瓷制品制造，特种陶瓷制品制造，日用陶瓷制品制造，陈设艺术陶瓷制造，园艺陶瓷制造，其他陶瓷制品制造
	耐火材料制品制造	石棉制品制造，云母制品制造，耐火陶瓷制品及其他耐火材料制造
	石墨及其他非金属矿物制品制造	石墨及碳素制品制造，其他非金属矿物制品制造

续表

行业大类	行业中类	行业小类
通用设备制造业	锅炉及原动设备制造	锅炉及辅助设备制造，内燃机及配件制造，汽轮机及辅机制造，水轮机及辅机制造，风能原动设备制造，其他原动设备制造
	金属加工机械制造	金属切削机床制造，金属成形机床制造，铸造机械制造，金属切割及焊接设备制造，机床功能部件及附件制造，其他金属加工机械制造
	物料搬运设备制造	轻小型起重设备制造，生产专用起重机制造，生产专用车辆制造，连续搬运设备制造，电梯、自动扶梯及升降机制造，客运索道制造，机械式停车设备制造，其他物料搬运设备制造
	泵、阀门、压缩机及类似机械制造	泵及真空设备制造，气体压缩机械制造，阀门和旋塞制造，液压动力机械及元件制造，液力动力机械元件制造，气压动力机械及元件制造
	轴承、齿轮和传动部件制造	滚动轴承制造，滑动轴承制造，齿轮及齿轮减、变速箱制造，其他传动部件制造
	烘炉、风机、包装等设备制造	烘炉、熔炉及电炉制造，风机、风扇制造，气体、液体分离及纯净设备制造，制冷、空调设备制造，风动和电动工具制造，喷枪及类似器具制造，包装专用设备制造
	文化、办公用机械制造	电影机械制造，幻灯及投影设备制造，照相机及器材制造，复印和胶印设备制造，计算器及货币专用设备制造，其他文化、办公用机械制造
	通用零部件制造	金属密封件制造，紧固件制造，弹簧制造，机械零部件加工，其他通用零部件制造
	其他通用设备制造业	工业机器人制造，特殊作业机器人制造，增材制造装备制造，其他未列明通用设备制造业
专用设备制造业	采矿、冶金、建筑专用设备制造	矿山机械制造，石油钻采专用设备制造，深海石油钻探设备制造，建筑工程用机械制造，建筑材料生产专用机械制造，冶金专用设备制造，隧道施工专用机械制造
	化工、木材、非金属加工专用设备制造	炼油、化工生产专用设备制造，橡胶加工专用设备制造，塑料加工专用设备制造，木竹材加工机械制造，模具制造，其他非金属加工专用设备制造
	食品、饮料、烟草及饲料生产专用设备制造	食品、酒、饮料及茶生产专用设备制，农副食品加工专用设备制造，烟草生产专用设备制造，饲料生产专用设备制造
	印刷、制药、日化及日用品生产专用设备制造	制浆和造纸专用设备制造，印刷专用设备制造，日用化工专用设备制造，制药专用设备制造，照明器具生产专用设备制造，玻璃、陶瓷和搪瓷制品生产专用设备制造，其他日用品生产专用设备制造
	纺织、服装和皮革加工专用设备制造	纺织专用设备制造，皮革、毛皮及其制品加工专用设备制造，缝制机械制造，洗涤机械制造

续表

行业大类	行业中类	行业小类
专用设备制造业	电子和电工机械专用设备制造	电工机械专用设备制造，半导体器件专用设备制造，电子元器件与机电组件设备制造，其他电子专用设备制造
	农、林、牧、渔专用机械制造	拖拉机制造，机械化农业及园艺机具制造，营林及木竹采伐机械制造，畜牧机械制造，渔业机械制造，农林牧渔机械配件制造，棉花加工机械制造，其他农、林、牧、渔业机械制造
	医疗仪器设备及器械制造	医疗诊断、监护及治疗设备制造，口腔科用设备及器具制造，医疗实验室及医用消毒设备和器具制造，医疗、外科及兽医用器械制造，机械治疗及病房护理设备制造，康复辅具制造，眼镜制造，其他医疗设备及器械制造
	环保、邮政、社会公共服务及其他专用	环境保护专用设备制造，地质勘查专用设备制造，邮政专用机械及器材制造，商业、饮食、服务专用设备制造，社会公共安全设备及器材制造，交通安全、管制及类似专用设备制造，水资源专用机械制造，其他专用设备制造
计算机、通信和其他电子设备制造业	计算机制造	计算机整机制造，计算机零部件制造，计算机外围设备制造，工业控制计算机及系统制造，信息安全设备制造，其他计算机制造
	通信设备制造	通信系统设备制造，通信终端设备制造
	广播电视设备制造	广播电视节目制作及发射设备制造，广播电视接收设备制造，广播电视专用配件制造，专业音响设备制造，应用电视设备及其他广播电视设备制造
	雷达及配套设备制造	雷达及配套设备制造
	非专业视听设备制造	电视机制造，音响设备制造，影视录放设备制造
	智能消费设备制造	可穿戴智能设备制造，智能车载设备制造，智能无人飞行器制造，服务消费机器人制造，其他智能消费设备制造
	电子器件制造	电子真空器件制造，半导体分立器件制造，集成电路制造，显示器件制造，半导体照明器件制造，光电子器件制造，其他电子器件制造
	电子元件及电子专用材料制造	电阻电容电感元件制造，电子电路制造，敏感元件及传感器制造，电声器件及零件制造，电子专用材料制造，其他电子元件制造
	其他电子设备制造	其他电子设备制造

需要注意的是，此处规定比重超过50%，若比重正好50%，则不符合条件。

上述销售额比重根据纳税人申请退税前连续12个月的销售额计算确定；申请退税前经营期不满12个月但满3个月的，按照实际经营期的销售额计算确定。

也就是说，纳税人应至少实际经营满 3 个月，若实际经营期不足 3 个月，则不能申请留抵退税。

2. 其他

先进制造业应同时符合以下条件，才能申请留抵退税：

（1）增量留抵税额大于零；

（2）纳税信用等级为 A 级或者 B 级；

（3）申请退税前 36 个月未发生骗取留抵退税、出口退税或虚开增值税专用发票情形；

（4）申请退税前 36 个月未因偷税被税务机关处罚两次及以上；

（5）自 2019 年 4 月 1 日起未享受即征即退、先征后返（退）政策。

1.4.10.2 计算

部分先进制造业纳税人当期允许退还的增量留抵税额，按照以下公式计算：

允许退还的增量留抵税额 = 增量留抵税额 × 进项构成比例

进项构成比例，为 2019 年 4 月至申请退税前一税款所属期内已抵扣的增值税专用发票（含税控机动车销售统一发票）、海关进口增值税专用缴款书、解缴税款完税凭证注明的增值税额占同期全部已抵扣进项税额的比重。

所称增量留抵税额，是指与 2019 年 3 月 31 日相比新增加的期末留抵税额。

1.4.10.3 84 号公告与 39 号公告的差异

财政部、税务总局公告 2019 年第 84 号与财政部、税务总局、海关总署公告 2019 年第 39 号关于留抵退税的差异在于：

1. 适用主体不同

财政部、税务总局公告 2019 年第 84 号只有部分先进制造业适用，财政部、税务总局、海关总署公告 2019 年第 39 号规定所有行业适用。

2. 退税条件不同

两个公告关于增量留抵税额的规定是一致的，都是指与 2019 年 3 月底相比新增加的期末留抵税额。但财政部、税务总局、海关总署公告 2019 年第 39 号要求"自 2019 年 4 月税款所属期起，连续六个月（按季纳税的，连续两个季度）增量留抵税额均大于零，且第六个月增量留抵税额不低于 50 万元”；而财政部、税务总局公告 2019 年第 84 号只要求“增量留抵税额大于零”即可，条件明显宽松于前者。

3. 退税比例不同

按照留抵退税计算公式，财政部、税务总局、海关总署公告 2019 年第 39 号只能退还 60%，而财政部、税务总局公告 2019 年第 84 号可以退还 100%。

1.4.10.4 其他

部分先进制造业纳税人申请退还增量留抵税额的其他规定，按照财政部、税务总局、海关总署公告 2019 年第 39 号执行；除部分先进制造业纳税人以外的其他纳税人申请退还增量留抵税额的规定，继续按照财政部、税务总局、海关总署公告 2019 年第 39 号执行。

1.5 简化发票相关政策

1.5.1 简化发票认证

《国家税务总局关于扩大小规模纳税人自行开具增值税专用发票试点范围等事项的公告》（国家税务总局公告 2019 年第 8 号）第二条规定：“扩大取消增值税发票认证的纳税人范围。将取消增值税发票认证的纳税人范围扩大至全部一般纳税人。一般纳税人取得增值税发票（包括增值税专用发票、机动车销售统一发票、收费公路通行费增值税电子普通发票，下同）后，可以自愿使用增值税发票选择确认平台查询、选择用于申报抵扣、出口退税或者代办退税的增值税发票信息。”

1.5.2 丢失发票不再登报声明作废

《发票管理办法实施细则》第三十一条规定：“使用发票的单位和个人应当妥善保管发票。发生发票丢失情形时，应当于发现丢失当日书面报告税务机关，并登报声明作废。”

《国家税务总局关于公布取消一批税务证明事项以及废止和修改部分规章

规范性文件的决定》（国家税务总局令第48号）删除上述条款中的“并登报声明作废”。

因此，企业丢失发票，应当于发现丢失当日书面报告税务机关，不再需要登报声明作废。

1.6 与小规模纳税人相关的增值税优惠政策

1.6.1 提高小规模纳税人起征点

1.6.1.1 免征增值税的标准

《国家税务总局关于小规模纳税人免征增值税政策有关征管问题的公告》（国家税务总局公告2019年第4号）规定，自2019年1月1日起，将小规模纳税人免征增值税的标准由月销售额3万元提高至10万元，减税幅度较大。

1.6.1.2 销售额的确定

1. 不再分别核算不同的销售收入

原政策即国家税务总局公告2017年第52号规定，小规模纳税人应分别核算销售货物或者加工、修理修配劳务的销售额和销售服务、无形资产的销售额。增值税小规模纳税人销售货物或者加工、修理修配劳务月销售额不超过3万元（按季纳税9万元），销售服务、无形资产月销售额不超过3万元（按季纳税9万元）的，可分别享受小微企业暂免征收增值税优惠政策。即小规模纳税人分别核算原增值税的销售货物、加工、修理修配劳务和营改增的销售服务、无形资产的销售额，分别享受免税优惠。①

现政策即国家税务总局公告2019年第4号规定，不再分别核算销售额，而是小规模纳税人的合计月销售额，原政策的销售额不包括销售不动产，销售不动产应当缴纳增值税。现政策首次将销售不动产的销售额纳入其中，但若本期包括销售不动产的合计月销售额超过10万元，可扣除销售不动产的销售

---

① 《国家税务总局关于小微企业免征增值税有关问题的公告》（国家税务总局公告2017年第52号），依据国家税务总局公告2019年第4号废止。

额，扣除后未超过10万元的，免征增值税；销售不动产的销售额正常缴税。

此销售额为不含税销售额。

【例1－29】 某小规模纳税人2019年1月销售货物4万元，提供服务3万元，销售不动产2万元。合计销售额为9万元，未超过10万元免税标准，因此，该纳税人销售货物、服务和不动产取得的销售额9万元，可享受小规模纳税人免税政策。

【例1－30】 某小规模纳税人2019年1月销售货物4万元，提供服务3万元，销售不动产10万元。合计销售额为17万元，剔除销售不动产后的销售额为7万元，因此，该纳税人销售货物和服务相对应的销售额7万元可以享受小规模纳税人免税政策，销售不动产10万元应照章纳税。

2. 以差额后的销售额确定是否免税

原政策即国家税务总局公告2016年第26号规定，适用增值税差额征收政策的增值税小规模纳税人，以差额前的销售额确定是否可以享受免征增值税政策。①

现政策发生重大变化，国家税务总局公告2019年第4号规定，适用增值税差额征税政策的小规模纳税人，以差额后的销售额确定是否可以享受免征增值税政策。差额前的销售额肯定大于差额后的销售额，采用差额后的销售额更有利于纳税人。

【例1－31】 2019年1月，某建筑业小规模纳税人（按月纳税）取得建筑服务收入20万元，同时向其他建筑企业支付分包款12万元，则该小规模纳税人当月扣除分包款后的销售额为8万元，未超过10万元免税标准，因此，当月可享受小规模纳税人免税政策。若按照原政策，则

① 《国家税务总局关于明确营改增试点若干征管问题的公告》（国家税务总局公告2016年第26号）第三条，依据国家税务总局公告2019年第4号废止。

不能享受免税政策。

1.6.1.3　纳税期限

原政策即国家税务总局公告2016年第6号规定，小规模纳税人按季度申报。① 现政策即国家税务总局公告2019年第4号规定，小规模纳税人可以选择以1个月或1个季度为纳税期限。

小规模纳税人纳税期限不同，其享受免税政策的效果可能存在差异。

【例1－32】　某小规模纳税人2019年1—3月的销售额分别是5万元、11万元和12万元。如果按月纳税，则只有1月的5万元能够享受免税；如果按季纳税，由于该季度销售额为28万元，未超过免税标准，因此，28万元全部能享受免税。在这种情况下，小规模纳税人更愿意实行按季纳税。

【例1－33】　某小规模纳税人2019年1—3月的销售额分别是8万元、11万元和12万元。如果按月纳税，1月的8万元能够享受免税，如果按季纳税，由于该季度销售额31万元已超过免税标准，因此，31万元均无法享受免税。在这种情况下，小规模纳税人更愿意实行按月纳税。

需要注意的是，纳税期限一经选择，一个会计年度内不得变更。《会计法》第十一条规定："会计年度自公历1月1日起至12月31日止。"若小规模纳税人年度中间成立，一个会计年度截至当年12月31日。

1.6.1.4　预缴增值税

营改增后实施了若干预缴增值税的征管措施，比如跨地区提供建筑服务、销售不动产、出租不动产等。对于预缴增值税税款未超过3万元的能否享受免税，原政策没有明确。

① 参见《国家税务总局关于合理简并纳税人申报缴税次数的公告》（国家税务总局公告2016年第6号）第一条。

现政策即国家税务总局公告2019年第4号规定，按照现行规定应当预缴增值税税款的小规模纳税人，凡在预缴地实现的月销售额未超过10万元的，当期无须预缴税款。在同一预缴地有多个项目的，应当按照所有项目扣除分包款后的合计销售额判断是否超过10万元。

小规模纳税人中的单位和个体工商户销售不动产，应按照纳税期限，确定是否预缴增值税。

【例1－34】 若某个体工商户选择按月纳税，销售不动产销售额超过月销售额10万元免税标准，则仍应在不动产所在地预缴税款；若该个体工商户选择按季纳税，销售不动产销售额未超过季度销售额30万元的免税标准，则无须在不动产所在地预缴税款。

其他个人偶然发生销售不动产的行为，应当按照现行政策规定实行按次纳税。现政策也明确其他个人销售不动产，继续按照现行政策规定免征增值税。如非北京、上海、广州、深圳地区的其他个人将购买2年以上（含2年）的住房对外销售的，免征增值税；北京、上海、广州、深圳地区的其他个人将购买2年以上（含2年）的普通住房对外销售的，免征增值税。

1.6.1.5 纳税申报

原政策即国家税务总局公告2016年第27号规定，应税行为有扣除项目的纳税人，《增值税纳税申报表（小规模纳税人适用)》第9行“免税销售额”填写扣除之前的销售额。①

现政策即国家税务总局公告2019年第4号将其修改为填写差额后的销售额。

1.6.1.6 其他个人取得的一次性收取租金收入

原政策即国家税务总局公告2016年第53号规定，其他个人采取一次性

① 参见《国家税务总局关于调整增值税纳税申报有关事项的公告》（国家税务总局公告2016年第27号）。

收取租金的形式出租不动产，取得的租金收入可在租金对应的租赁期内平均分摊，分摊后的月租金收入不超过3万元的，可享受小微企业免征增值税优惠政策。[①] 现政策即国家税务总局公告2019年第4号将其相应提高至10万元。

1.6.1.7 其他情形

如上所述，其他个人采取一次性收取租金的形式出租不动产，取得的租金收入在租赁期内平均分摊后的月租金收入不超过10万元的，可享受小微企业免征增值税优惠政策。那么，其他个人取得的每月不超过10万元的其他销售额，是否可以享受小微企业免征增值税优惠政策?

这涉及按次纳税和按期纳税的问题。按次纳税和按期纳税以是否办理税务登记或者临时税务登记作为划分标准。凡办理了税务登记或临时税务登记的小规模纳税人，月销售额未超过10万元（按季申报的小规模纳税人，为季销售额未超过30万元）的，都可以按规定享受增值税免税政策。未办理税务登记或临时税务登记的小规模纳税人，除特殊规定外，则执行《增值税暂行条例》及其实施细则关于按次纳税的起征点有关规定，每次销售额未达到500元的免征增值税，达到500元的则需要正常征税。即未办理税务登记或临时税务登记的其他个人取得的出租不动产以外的销售额，起征点为每次500元，而不是每月10万元。

但例外的是，月销售额未超过10万元的保险、证券代理人，可以享受增值税免税政策。

1.6.1.8 企业所得税处理

《财政部关于印发〈增值税会计处理规定〉的通知》（财会〔2016〕22号）规定：“对于当期直接减免的增值税，借记‘应交税金——应交增值税（减免税款）’科目，贷记损益类相关科目。”

① 《国家税务总局关于营改增试点若干征管问题的公告》（国家税务总局公告2016年第53号）第二条，依据国家税务总局公告2019年第4号废止。

（1）销售货物时：

借：应收账款/银行存款

贷：主营业务收入

应交税费——应交增值税

（2）月末符合免税条件时：

借：应交税费——应交增值税（减免税款）

贷：营业外收入

该免征的增值税须计入企业所得税应税收入，计算缴纳企业所得税。

1.6.1.9　文化事业建设费处理

增值税小规模纳税人中月销售额不超过 2 万元（按季纳税 6 万元）的企业和非企业性单位提供的应税服务，免征文化事业建设费。[①] 自 2015 年 1 月 1 日起至 2017 年 12 月 31 日，对按月纳税的月销售额不超过（含 3 万元），以及按季纳税的季度销售额不超过 9 万元（含 9 万元）的缴纳义务人，免征文化事业建设费。[②] 小规模纳税人免税标准提高至 10 万元后，没有出台提高免征文化事业建设费标准的文件。因此，目前执行月销售额不超过 2 万元免征文化事业建设费的政策。

1.6.2　一般纳税人转登记为小规模纳税人

1.6.2.1　政策变化

2018 年将增值税一般纳税人标准统一提高至 500 万元，大大简化了判断标准，并规定转登记日前连续 12 个月或者连续 4 个季度累计应税销售额未超过 500 万元的一般纳税人，可转登记为小规模纳税人。

原政策即国家税务总局公告 2018 年第 18 号规定，只有根据《增值税暂行条例》及其实施细则有关规定登记为一般纳税人的，才能转登记为小规模

---

① 《财政部　国家税务总局关于营业税改征增值税试点有关文化事业建设费政策及征收管理问题的通知》（财税〔2016〕25 号）第七条第一款。

② 财税〔2016〕25 号文件第七条第二款。

纳税人，即营改增试点行业的一般纳税人，不能转登记为小规模纳税人。[①]

现政策即国家税务总局公告2019年第4号不再限制行业，包括营改增试点行业在内的所有企业，符合条件的都可以转登记为小规模纳税人。

原政策即国家税务总局公告2018年第18号规定的转登记为小规模纳税人的截止期限为2018年12月31日，现政策即国家税务总局公告2019年第4号延续至2019年12月31日。

需要注意两点：一是此销售额非彼销售额，“转登记日前连续12个月或者连续4个季度累计应税销售额未超过500万元”中的销售额是指差额前的销售额，小规模纳税人免税的销售额是差额后的销售额；二是曾在2018年选择过转登记的纳税人，后又登记为一般纳税人，在2019年仍可选择转登记；但是，2019年选择转登记为小规模纳税人的，再次登记为一般纳税人后，不得再转登记为小规模纳税人。

1.6.2.2 办理程序

按照国家税务总局公告2018年第18号规定，符合转登记条件的纳税人，向主管税务机关填报《一般纳税人转为小规模纳税人登记表》，并提供税务登记证件；已实行实名办税的纳税人，无需提供税务登记证件。主管税务机关根据下列情况分别作出处理：

（1）纳税人填报内容与税务登记、纳税申报信息一致的，主管税务机关当场办理。

（2）纳税人填报内容与税务登记、纳税申报信息不一致，或者不符合填列要求的，主管税务机关应当场告知纳税人需要补正的内容。

1.6.2.3 计税方法的衔接

一般纳税人转登记为小规模纳税人后，自转登记日的下期起，按照简易计税方法计算缴纳增值税；转登记日当期仍按照一般纳税人的有关规定计算缴纳增值税。

1.6.2.4 未抵扣进项税额及留抵税额的处理

一般纳税人转登记为小规模纳税人时，尚未申报抵扣的进项税额以及转

---

① 参见《国家税务总局关于统一小规模纳税人标准等若干增值税问题的公告》（国家税务总局公告2018年第18号）。

登记日当期的期末留抵税额，计入“应交税费——待抵扣进项税额”核算。

尚未申报抵扣的进项税额计入“应交税费——待抵扣进项税额”时：

（1）转登记日当期已经取得的增值税专用发票、机动车销售统一发票、收费公路通行费增值税电子普通发票，应当已经通过增值税发票选择确认平台进行选择确认或认证后稽核比对相符；经稽核比对异常的，应当按照现行规定进行核查处理。已经取得的海关进口增值税专用缴款书，经稽核比对相符的，应当自行下载《海关进口增值税专用缴款书稽核结果通知书》；经稽核比对异常的，应当按照现行规定进行核查处理。

（2）转登记日当期尚未取得的增值税专用发票、机动车销售统一发票、收费公路通行费增值税电子普通发票，转登记纳税人在取得上述发票以后，应当持税控设备，由主管税务机关通过增值税发票选择确认平台（税务局端）为其办理选择确认。尚未取得的海关进口增值税专用缴款书，转登记纳税人在取得以后，经稽核比对相符的，应当由主管税务机关通过稽核系统为其下载《海关进口增值税专用缴款书稽核结果通知书》；经稽核比对异常的，应当按照现行规定进行核查处理。

例如，某纳税人 2019 年 3 月从一般纳税人转登记为小规模纳税人后，2019 年 5 月收到当年 2 月购进原材料的增值税专用发票，应按照上述规定，在取得上述发票以后，应当持税控设备，由主管税务机关通过增值税发票选择确认平台（税务局端）为其办理选择确认。

1.6.2.5 销售折让、中止或者退回的处理

转登记纳税人在一般纳税人期间销售或者购进的货物、劳务、服务、无形资产、不动产，自转登记日的下期起发生销售折让、中止或者退回的，调整转登记日当期的销项税额、进项税额和应纳税额。

（1）调整后的应纳税额小于转登记日当期申报的应纳税额形成的多缴税款，从发生销售折让、中止或者退回当期的应纳税额中抵减；不足抵减的，结转下期继续抵减。

（2）调整后的应纳税额大于转登记日当期申报的应纳税额形成的少缴税款，从“应交税费——待抵扣进项税额”中抵减；抵减后仍有余额的，计入发生销售折让、中止或者退回当期的应纳税额一并申报缴纳。

转登记纳税人因税务稽查、补充申报等原因，需要对一般纳税人期间的销项税额、进项税额和应纳税额进行调整的，按照上述规定处理。

转登记纳税人应准确核算“应交税费——待抵扣进项税额”的变动情况。

【例1-35】 2019年2月，某纳税人从一般纳税人转登记为小规模纳税人后，2019年5月发生一笔2018年12月的退货。该纳税人5月确认退货时，应调整2019年2月税款所属期的申报表，重新计算应纳税额，与原2月的应纳税额比较，比较结果根据上述规定处理。

1.6.2.6 发票开具问题

转登记纳税人可以继续使用现有税控设备开具增值税发票，不需要缴销税控设备和增值税发票。

转登记纳税人自转登记日的下期起，发生增值税应税销售行为，应当按照征收率开具增值税发票；转登记日前已作增值税专用发票票种核定的，继续通过增值税发票管理系统自行开具增值税专用发票；销售其取得的不动产，需要开具增值税专用发票的，应当按照有关规定向税务机关申请代开。

转登记纳税人在一般纳税人期间发生的增值税应税销售行为，未开具增值税发票需要补开的，应当按照原适用税率或者征收率补开增值税发票；发生销售折让、中止或者退回等情形，需要开具红字发票的，按照原蓝字发票记载的内容开具红字发票；开票有误需要重新开具的，先按照原蓝字发票记载的内容开具红字发票后，再重新开具正确的蓝字发票。

转登记纳税人发生上述行为，需要按照原适用税率开具增值税发票的，应当在互联网连接状态下开具。按照有关规定不使用网络办税的特定纳税人，可以通过离线方式开具增值税发票。

1.6.2.7 再次登记为一般纳税人的条件

自转登记日的下期起连续不超过12个月或者连续不超过4个季度的经营期内，转登记纳税人应税销售额超过财政部、国家税务总局规定的小规模纳税人标准的，应当按照《增值税一般纳税人登记管理办法》（国家税务总局令第43号）的有关规定，向主管税务机关办理一般纳税人登记。

转登记纳税人按规定再次登记为一般纳税人后，不得再转登记为小规模纳税人。

1.6.2.8　出口

按照《国家税务总局关于统一小规模纳税人标准有关出口退（免）税问题的公告》（国家税务总局公告 2018 年第 20 号）规定，转登记纳税人为出口企业，其在一般纳税人期间出口适用增值税退（免）税政策的货物劳务、服务，在其转登记为小规模纳税人后，仍可继续按照现行规定申报和办理退（免）税相关事项。自转登记日下期起，转登记纳税人的出口货物劳务、服务，适用增值税免税规定。

1.6.3　发票开具

1.6.3.1　政策规定

住宿业，鉴证咨询业，建筑业，工业，信息传输、软件和信息技术服务业等小规模纳税人可以自行开具增值税专用发票。国家税务总局公告 2019 年第 4 号规定，已经使用增值税发票管理系统的小规模纳税人，月销售额未超过 10 万元的，可以继续使用现有税控设备开具发票；已经自行开具增值税专用发票的，可以继续自行开具增值税专用发票，并就开具增值税专用发票的销售额计算缴纳增值税。

小规模纳税人开具增值税专用发票不能免税。月销售额未超过 10 万元的，当期因开具增值税专用发票已经缴纳的税款，在增值税专用发票全部联次追回或者按规定开具红字专用发票后，可以向主管税务机关申请退还。

由于国家税务总局公告 2019 年第 4 号是 2019 年 1 月 19 日出台，小规模纳税人可能已经开具普通发票。因此，现政策即国家税务总局公告 2019 年第 4 号规定，小规模纳税人 2019 年 1 月销售额未超过 10 万元（以 1 个季度为 1 个纳税期的，2019 年第一季度销售额未超过 30 万元），但当期因代开普通发票已经缴纳的税款，可以在办理纳税申报时向主管税务机关申请退还。

1.6.3.2　扩大小规模纳税人自开专用发票范围

《国家税务总局关于扩大小规模纳税人自行开具增值税专用发票试点范围等事项的公告》（国家税务总局公告 2019 年第 8 号）规定，小规模纳税人自行开具增值税专用发票的范围扩大至租赁和商务服务业，科学研究和技术服务业，居民服务、修理和其他服务业。

8个行业[①]小规模纳税人（以下称“试点纳税人”）发生增值税应税行为，需要开具增值税专用发票的，可以自愿使用增值税发票管理系统自行开具。

试点纳税人销售其取得的不动产，需要开具增值税专用发票的，应当按照有关规定向税务机关申请代开。

试点纳税人应当就开具增值税专用发票的销售额计算增值税应纳税额，并在规定的纳税申报期内向主管税务机关申报缴纳。在填写增值税纳税申报表时，应当将当期开具增值税专用发票的销售额，按照3%和5%的征收率，分别填写在《增值税纳税申报表（小规模纳税人适用）》第2栏和第5栏“税务机关代开的增值税专用发票不含税销售额”的“本期数”相应栏次中。

纳入自开增值税专用发票试点的行业中的所有小规模纳税人，均可以自愿使用增值税发票管理系统自行开具增值税专用发票，不受月销售额标准的限制。也就是说，月销售额未超过10万元（含本数，以1个季度为1个纳税期的，季度销售额未超过30万元）的试点行业小规模纳税人，发生增值税应税行为，需要开具增值税专用发票的，可以选择使用增值税发票管理系统按照有关规定自行开具增值税专用发票。

需要注意的是，选择自行开具增值税专用发票的小规模纳税人，税务机关不再为其代开；但销售其取得的不动产，需要开具增值税专用发票的，仍应当按照有关规定向税务机关申请代开。

1.7 2019年出台的其他增值税优惠政策

1.7.1 支持精准扶贫

为支持脱贫攻坚，《财政部 税务总局 国务院扶贫办关于扶贫货物捐赠

① 8个行业，是指住宿业，鉴证咨询业，建筑业，工业，信息传输、软件和信息技术服务业，租赁和商务服务业，科学研究和技术服务业，居民服务、修理和其他服务业。

免征增值税政策的公告》（财政部　税务总局　国务院扶贫办公告2019年第55号）规定，自2019年1月1日至2022年12月31日，对单位或者个体工商户将自产、委托加工或购买的货物通过公益性社会组织、县级及以上人民政府及其组成部门和直属机构，或直接无偿捐赠给目标脱贫地区的单位和个人，免征增值税。在政策执行期限内，目标脱贫地区实现脱贫的，可继续适用上述政策。

"目标脱贫地区"包括832个国家扶贫开发工作重点县、集中连片特困地区县（新疆阿克苏地区6县1市享受片区政策）和建档立卡贫困村。

《增值税暂行条例实施细则》第四条规定："单位或者个体工商户的下列行为，视同销售货物：……（八）将自产、委托加工或者购进的货物无偿赠送其他单位或者个人。"因此，企业将货物进行捐赠应视同销售，征收增值税，但按照财政部、税务总局、国务院扶贫办公告2019年第55号规定，企业将货物捐赠给目标脱贫地区，免征增值税，即使直接捐赠也免征增值税。

该政策可追溯调整，在2015年1月1日至2018年12月31日期间已发生的符合上述条件的扶贫货物捐赠，可追溯执行上述增值税政策。已征收入库的按上述规定应予免征的增值税税款，可抵减纳税人以后月份应缴纳的增值税税款或者办理税款退库。已向购买方开具增值税专用发票的，应将增值税专用发票追回后方可办理免税。无法追回增值税专用发票的，不予免税。

1.7.2　扶持就业

1.7.2.1　退役士兵

1. 创业

《财政部　税务总局　退役军人部关于进一步扶持自主就业退役士兵创业就业有关税收政策的通知》（财税〔2019〕21号）规定，自主就业退役士兵从事个体经营的，自办理个体工商户登记当月起，在3年（36个月，下同）内按每户每年12000元为限额依次扣减其当年实际应缴纳的增值税、城市维护建设税、教育费附加、地方教育附加和个人所得税。限额标准最高可上浮20%，各省、自治区、直辖市人民政府可根据本地区实际情况在此幅度内确定具体限额标准。

纳税人年度应缴纳税款小于上述扣减限额的，减免税额以其实际缴纳的税款为限；大于上述扣减限额的，以上述扣减限额为限。纳税人的实际经营期不足1年的，应当按月换算其减免税限额。换算公式为：

减免税限额＝年度减免税限额÷12×实际经营月数

城市维护建设税、教育费附加、地方教育附加的计税依据是享受本项税收优惠政策前的增值税应纳税额。

财税〔2019〕21号文件将原来每户每年8000元提高至12000元。

2. 就业

企业招用自主就业退役士兵，与其签订1年以上期限劳动合同并依法缴纳社会保险费的，自签订劳动合同并缴纳社会保险当月起，在3年内按实际招用人数予以定额依次扣减增值税、城市维护建设税、教育费附加、地方教育附加和企业所得税优惠。定额标准为每人每年6000元，最高可上浮50%，各省、自治区、直辖市人民政府可根据本地区实际情况在此幅度内确定具体定额标准。

企业按招用人数和签订的劳动合同时间核算企业减免税总额，在核算减免税总额内每月依次扣减增值税、城市维护建设税、教育费附加和地方教育附加。企业实际应缴纳的增值税、城市维护建设税、教育费附加和地方教育附加小于核算减免税总额的，以实际应缴纳的增值税、城市维护建设税、教育费附加和地方教育附加为限；实际应缴纳的增值税、城市维护建设税、教育费附加和地方教育附加大于核算减免税总额的，以核算减免税总额为限。

自主就业退役士兵在企业工作不满1年的，应当按月换算减免税限额。计算公式为：

企业核算减免税总额＝∑每名自主就业退役士兵本年度在本单位工作月份÷12×具体定额标准

财税〔2019〕21号文件将原来每人每年4000元提高至6000元。

3. 管理要求

所称自主就业退役士兵，是指依照《退役士兵安置条例》（国务院　中央军委令第608号）的规定退出现役并按自主就业方式安置的退役士兵；所称企业，是指属于增值税纳税人或企业所得税纳税人的企业等单位。

自主就业退役士兵从事个体经营的，在享受税收优惠政策进行纳税申报时，注明其退役军人身份，并将《中国人民解放军义务兵退出现役证》《中国人民解放军士官退出现役证》或《中国人民武装警察部队义务兵退出现役证》《中国人民武装警察部队士官退出现役证》留存备查。

企业招用自主就业退役士兵享受税收优惠政策的，将以下资料留存备查：①招用自主就业退役士兵的《中国人民解放军义务兵退出现役证》《中国人民解放军士官退出现役证》或《中国人民武装警察部队义务兵退出现役证》《中国人民武装警察部队士官退出现役证》；②企业与招用自主就业退役士兵签订的劳动合同（副本），为职工缴纳的社会保险费记录；③自主就业退役士兵本年度在企业工作时间表。

企业招用自主就业退役士兵既可以适用上述的税收优惠政策，又可以适用其他扶持就业专项税收优惠政策的，企业可以选择适用最优惠的政策，但不得重复享受。

财税〔2019〕21号文件执行期限为2019年1月1日至2021年12月31日。纳税人在2021年12月31日享受上述税收优惠政策未满3年的，可继续享受至3年期满为止。退役士兵以前年度已享受退役士兵创业就业税收优惠政策满3年的，不得再享受财税〔2019〕21号文件规定的税收优惠政策；以前年度享受退役士兵创业就业税收优惠政策未满3年且符合财税〔2019〕21号文件规定条件的，可按财税〔2019〕21号文件规定享受优惠至3年期满。

1.7.2.2 重点群体

1. 创业

《财政部　税务总局　人力资源社会保障部　国务院扶贫办关于进一步支持和促进重点群体创业就业有关税收政策的通知》（财税〔2019〕22号）规定，建档立卡贫困人口、持《就业创业证》（注明“自主创业税收政策”或“毕业年度内自主创业税收政策”）或《就业失业登记证》（注明“自主创业税收政策”）的人员，从事个体经营的，自办理个体工商户登记当月起，在3年（36个月，下同）内按每户每年12000元为限额依次扣减其当年实际应缴纳的增值税、城市维护建设税、教育费附加、地方教育附加和个人所得税。限额标准最高可上浮20%，各省、自治区、直辖市人民政府可根据本地区实际情况在此幅度内确定具体限额标准。

纳税人年度应缴纳税款小于上述扣减限额的，减免税额以其实际缴纳的税款为限；大于上述扣减限额的，以上述扣减限额为限。

上述人员具体包括：①纳入全国扶贫开发信息系统的建档立卡贫困人口；②在人力资源社会保障部门公共就业服务机构登记失业半年以上的人员；③零就业家庭、享受城市居民最低生活保障家庭劳动年龄内的登记失业人员；④毕业年度内高校毕业生。高校毕业生是指实施高等学历教育的普通高等学校、成人高等学校应届毕业的学生；毕业年度是指毕业所在自然年，即1月1日至12月31日。

财税〔2019〕22号文件将原来每户每年8000元提高至12000元。

2. 就业

企业招用建档立卡贫困人口，以及在人力资源社会保障部门公共就业服务机构登记失业半年以上且持《就业创业证》或《就业失业登记证》（注明“企业吸纳税收政策”）的人员，与其签订1年以上期限劳动合同并依法缴纳社会保险费的，自签订劳动合同并缴纳社会保险当月起，在3年内按实际招用人数予以定额依次扣减增值税、城市维护建设税、教育费附加、地方教育附加和企业所得税优惠。定额标准为每人每年6000元，最高可上浮30%，各省、自治区、直辖市人民政府可根据本地区实际情况在此幅度内确定具体定额标准。城市维护建设税、教育费附加、地方教育附加的计税依据是享受本项税收优惠政策前的增值税应纳税额。

按上述标准计算的税收扣减额应在企业当年实际应缴纳的增值税、城市维护建设税、教育费附加、地方教育附加和企业所得税税额中扣减，当年扣减不完的，不得结转下年使用。

所称企业，是指属于增值税纳税人或企业所得税纳税人的企业等单位。

财税〔2019〕22号文件将原来每人每年4000元提高至6000元。

3. 管理要求

企业招用就业人员既可以适用上述的税收优惠政策，又可以适用其他扶持就业专项税收优惠政策的，企业可以选择适用最优惠的政策，但不得重复享受。

财税〔2019〕22号文件执行期限为2019年1月1日至2021年12月31日。纳税人在2021年12月31日享受上述税收优惠政策未满3年的，可继续享受至3年期满为止。

上述人员以前年度已享受重点群体创业就业税收优惠政策满3年的，不得再享受财税〔2019〕22号文件规定的税收优惠政策；以前年度享受重点群体创业就业税收优惠政策未满3年且符合财税〔2019〕22号文件规定条件的，可按财税〔2019〕22号文件规定享受优惠至3年期满。

1.7.3 支持文化产业发展

1.7.3.1 文化企业

为进一步深化文化体制改革，促进文化企业发展，《财政部 税务总局关于继续实施支持文化企业发展增值税政策的通知》（财税〔2019〕17号）规定，2019年1月1日至2023年12月31日，对电影主管部门（包括中央、省、地市及县级）按照各自职能权限批准从事电影制片、发行、放映的电影集团公司（含成员企业）、电影制片厂及其他电影企业取得的销售电影拷贝（含数字拷贝）收入、转让电影版权（包括转让和许可使用）收入、电影发行收入以及在农村取得的电影放映收入，免征增值税。一般纳税人提供的城市电影放映服务，可以按现行政策规定，选择按照简易计税办法计算缴纳增值税。

对广播电视运营服务企业收取的有线数字电视基本收视维护费和农村有线电视基本收视费，免征增值税。

1.7.3.2 文化转制企业

《财政部 税务总局 中央宣传部关于继续实施文化体制改革中经营性文化事业单位转制为企业若干税收政策的通知》（财税〔2019〕16号）规定，党报、党刊将其发行、印刷业务及相应的经营性资产剥离组建的文化企业，自注册之日起所取得的党报、党刊发行收入和印刷收入免征增值税。

1.7.4 支持农村饮水安全工程

《财政部 税务总局关于继续实行农村饮水安全工程税收优惠政策的公

告》（财政部　税务总局公告2019年第67号）第四条规定，自2019年1月1日至2020年12月31日“对饮水工程运营管理单位向农村居民提供生活用水取得的自来水销售收入，免征增值税”。

1.7.5　支持罕见病制药产业发展

1.7.5.1　罕见病药品

为鼓励罕见病制药产业发展，降低患者用药成本，《财政部　海关总署　税务总局　药监局关于罕见病药品增值税政策的通知》（财税〔2019〕24号）规定，自2019年3月1日起，增值税一般纳税人生产销售和批发、零售罕见病药品，可选择按照简易办法依照3%征收率计算缴纳增值税。上述纳税人选择简易办法计算缴纳增值税后，36个月内不得变更。此外还规定，自2019年3月1日起，对进口罕见病药品，减按3%征收进口环节增值税。罕见病药品清单（第一批）见表1-1和表1-2。

纳税人应单独核算罕见病药品的销售额。未单独核算的，不得适用简易征收政策。

所称罕见病药品，是指经国家药品监督管理部门批准注册的罕见病药品制剂及原料药。罕见病药品范围实行动态调整，由财政部、海关总署、税务总局、药监局根据变化情况适时明确。

表1-1　　罕见病药品清单（第一批）——罕见病药品制剂

序号	活性成分通用名称	药品名称	已获准上市的剂型	税号
1	波生坦	波生坦片	片剂	30049090
2	安立生坦	安立生坦片	片剂	30049090
3	利奥西呱	利奥西呱片	片剂	30049090
4	马昔腾坦	马昔腾坦片	片剂	30049090
5	伊洛前列素	吸入用伊洛前列素溶液	溶液剂	30043900
6	曲前列尼尔	曲前列尼尔注射液	注射剂	30043900
7	吡非尼酮	吡非尼酮胶囊	胶囊剂	30049090
8	尼达尼布	乙磺酸尼达尼布软胶囊	胶囊剂	30049090

续表

序号	活性成分通用名称	药品名称	已获准上市的剂型	税号
9	—	注射用伊米苷酶	注射剂	30049090
10	—	注射用阿糖苷酶 α	注射剂	30049090
11	麦格司他	麦格司他胶囊	胶囊剂	30049090
12	—	重组人生长激素注射液	注射剂	30043900
13	沙丙蝶呤	盐酸沙丙蝶呤片	片剂	30049090
14	—	重组人干扰素 β1a 注射液	注射剂	30021500
15	青霉胺	青霉胺片	片剂	30049090
16	利鲁唑	利鲁唑片	片剂	30049090
17	—	人凝血因子Ⅷ	注射剂、冻干粉针剂	30021200
18	—	注射用重组人凝血因子Ⅷ	注射剂	30021200
19	—	注射用重组人凝血因子 IX	注射剂	30021200
20	—	人凝血酶原复合物	注射剂、冻干粉针剂	30021200
21	—	注射用重组人凝血因子Ⅶa	注射剂	30021200

表 1-2　　罕见病药品清单（第一批）——罕见病药品原料药

序号	活性成分通用名称	税号
1	波生坦	29359000
2	吡非尼酮	29337900
3	青霉胺	29309090
4	利鲁唑	29342000

1.7.5.2 抗艾滋病病毒药品

为继续支持艾滋病防治工作，《财政部　税务总局关于延续免征国产抗艾滋病病毒药品增值税政策的公告》（财政部　税务总局公告 2019 年第 73 号）规定，自 2019 年 1 月 1 日至 2020 年 12 月 31 日，继续对国产抗艾滋病病毒药品免征生产环节和流通环节增值税。

享受上述免征增值税政策的国产抗艾滋病病毒药品，须为各省（自治区、直辖市）艾滋病药品管理部门按照政府采购有关规定采购的，并向艾滋病病毒感染者和病人免费提供的抗艾滋病病毒药品。药品生产企业和流通企业应将药品供货合同留存，以备税务机关查验。国产抗艾滋病病毒药物品种清单见表1－3。

抗艾滋病病毒药品的生产企业和流通企业应分别核算免税药品和其他货物的销售额；未分别核算的，不得享受增值税免税政策。

表1－3　国产抗艾滋病病毒药物品种清单

序号	药物品种	序号	药物品种
1	齐多夫定	5	替诺福韦
2	拉米夫定	6	洛匹那韦
3	奈韦拉平	7	利托那韦
4	依非韦伦	8	阿巴卡韦

国产抗艾滋病病毒药物，包括表1－3所列药物及其制剂，以及由两种或三种药物组成的复合制剂。

1.7.6　支持居民供热采暖

为支持居民供热采暖，《财政部　税务总局关于延续供热企业增值税　房产税　城镇土地使用税优惠政策的通知》（财税〔2019〕38号）规定，自2019年1月1日至2020年供暖期结束，对供热企业向居民个人（以下称居民）供热取得的采暖费收入免征增值税。

向居民供热取得的采暖费收入，包括供热企业直接向居民收取的、通过其他单位向居民收取的和由单位代居民缴纳的采暖费。

免征增值税的采暖费收入，应当按照《增值税暂行条例》第十六条的规定单独核算。通过热力产品经营企业向居民供热的热力产品生产企业，应当根据热力产品经营企业实际从居民取得的采暖费收入占该经营企业采暖费总收入的比例，计算免征的增值税。

所称供暖期，是指当年下半年供暖开始至次年上半年供暖结束的期间。

1.7.7　支持公共租赁住房建设和运营

《财政部　税务总局关于公共租赁住房税收优惠政策的公告》（财政部　税务总局公告2019年第61号）第七条规定，自2019年1月1日至2020年12月31日，对经营公租房所取得的租金收入，免征增值税。

1.7.8　支持养老、托育、家政等社区家庭服务业发展

1.7.8.1　社区家庭服务业

为支持养老、托育、家政等社区家庭服务业发展，《财政部　税务总局　发展改革委　民政部　商务部　卫生健康委关于养老、托育、家政等社区家庭服务业税费优惠政策的公告》（财政部　税务总局　发展改革委　民政部　商务部　卫生健康委公告2019年第76号）规定，2019年6月1日至2025年12月31日，为社区提供养老、托育、家政等服务的机构取得的收入，免征增值税。

社区，是指聚居在一定地域范围内的人们所组成的社会生活共同体，包括城市社区和农村社区。

为社区提供养老服务的机构，是指在社区依托固定场所设施，采取全托、日托、上门等方式，为社区居民提供养老服务的企业、事业单位和社会组织。社区养老服务，是指为老年人提供的生活照料、康复护理、助餐助行、紧急救援、精神慰藉等服务。

为社区提供托育服务的机构，是指在社区依托固定场所设施，采取全日托、半日托、计时托、临时托等方式，为社区居民提供托育服务的企业、事业单位和社会组织。社区托育服务，是指为3周岁（含）以下婴幼儿提供的照料、看护、膳食、保育等服务。

为社区提供家政服务的机构，是指以家庭为服务对象，为社区居民提供家政服务的企业、事业单位和社会组织。社区家政服务，是指进入家庭成员住所或医疗机构为孕产妇、婴幼儿、老人、病人、残疾人提供的照护服务，以及进入家庭成员住所提供的保洁、烹饪等服务。

1.7.8.2 家政服务

财税〔2016〕36 号文件附件 3《营业税改征增值税试点过渡政策的规定》第一条第三十一项规定，家政服务企业由员工制家政服务员提供家政服务取得的收入，免征增值税。财政部、税务总局、发展改革委、民政部、商务部、卫生健康委公告 2019 年第 76 号规定，2019 年 6 月 1 日至 2025 年 12 月 31 日，符合下列条件的家政服务企业提供家政服务取得的收入，比照上述规定，免征增值税：

（1）与家政服务员、接受家政服务的客户就提供家政服务行为签订三方协议；

（2）向家政服务员发放劳动报酬，并对家政服务员进行培训管理；

（3）通过建立业务管理系统对家政服务员进行登记管理。

1.7.8.3 养老机构

财税〔2016〕36 号文件附件 3《营业税改征增值税试点过渡政策的规定》第一条第二项规定，养老机构提供的养老服务免征增值税。《财政部　税务总局关于明确养老机构免征增值税等政策的通知》（财税〔2019〕20 号）第一条补充规定，上述可以享受免征增值税的养老机构，包括依照《中华人民共和国老年人权益保障法》依法办理登记，并向民政部门备案的为老年人提供集中居住和照料服务的各类养老机构。

1.7.9 其他免征增值税的优惠政策

1.7.9.1 医疗机构

财税〔2016〕36 号文件附件 3《营业税改征增值税试点过渡政策的规定》第一条第七项规定，医疗机构提供的医疗服务免征增值税。财税〔2019〕20 号文件第二条补充规定，自 2019 年 2 月 1 日至 2020 年 12 月 31 日，医疗机构接受其他医疗机构委托，按照不高于地（市）级以上价格主管部门会同同级卫生主管部门及其他相关部门制定的医疗服务指导价格（包括政府指导价和按照规定由供需双方协商确定的价格等），提供《全国医疗服务价格项目规范》所列的各项服务，可适用上述免征增值税政策。

1.7.9.2　集团内无偿借贷

纳税人之间资金无偿借贷应视同销售征税增值税。财税〔2019〕20号文件第三条规定，自2019年2月1日至2020年12月31日，对企业集团内单位（含企业集团）之间的资金无偿借贷行为，免征增值税。

若中国企业的境外全资子公司，无偿借款给境内母公司，按照上述规定，母公司不需要代扣代缴增值税。

1.7.9.3　一年期以上返还性人身保险产品

财税〔2016〕36号文件附件3《营业税改征增值税试点过渡政策的规定》第一条第二十一项规定，保险公司开办的一年期以上人身保险产品取得的保费收入免征增值税。财税〔2019〕20号文件第四条补充规定：

（1）保险公司开办一年期以上返还性人身保险产品，在保险监管部门出具备案回执或批复文件前依法取得的保费收入，属于《财政部　国家税务总局关于一年期以上返还性人身保险产品营业税免税政策的通知》（财税〔2015〕86号）第一条、《营业税改征增值税试点过渡政策的规定》（财税〔2016〕36号印发）第一条第二十一项规定的保费收入。

（2）保险公司符合财税〔2015〕86号第一条、第二条规定免税条件，且未列入财政部、税务总局发布的免征营业税名单的，可向主管税务机关办理备案手续。

（3）保险公司开办一年期以上返还性人身保险产品，在列入财政部和税务总局发布的免征营业税名单或办理免税备案手续后，此前已缴纳营业税中尚未抵减或退还的部分，可抵减以后月份应缴纳的增值税。

1.7.9.4　中外合作办学

财税〔2016〕36号文件附件3《营业税改征增值税试点过渡政策的规定》第一条第八项规定，从事学历教育的学校提供的教育服务免征增值税。《国家税务总局关于明确中外合作办学等若干增值税征管问题的公告》（国家税务总局公告2018年第42号）第一条补充规定，境外教育机构与境内从事学历教育的学校开展中外合作办学，提供学历教育服务取得的收入免征增值税。

中外合作办学，是指中外教育机构按照《中华人民共和国中外合作办学条例》（国务院令第372号）的有关规定，合作举办的以中国公民为主要招生对象的教育教学活动。上述“学历教育”“从事学历教育的学校”“提供学历教育服务取得的收入”的范围，按照《营业税改征增值税试点过渡政策的规定》第一条第八项的有关规定执行。

1.7.9.5 北京冬奥会、冬残奥会

《财政部 税务总局关于冬奥会和冬残奥会企业赞助有关增值税政策的通知》（财税〔2019〕6 号）规定，对赞助企业及参与赞助的下属机构根据赞助协议及补充赞助协议向北京冬奥组委免费提供的，与北京 2022 年冬奥会、冬残奥会、测试赛有关的服务，免征增值税。赞助企业及下属机构按照本通知所附《北京 2022 年冬奥会、冬残奥会、测试赛赞助企业及参与赞助的下属机构名单》（第一批）执行。适用免征增值税政策的服务，仅限于赞助企业及下属机构与北京冬奥组委签订的赞助协议及补充赞助协议中列明的服务。赞助企业及下属机构应对上述服务单独核算，未单独核算的，不得适用免税政策。

1.7.10 注意事项

《增值税暂行条例》第十六条规定：“纳税人兼营免税、减税项目的，应当分别核算免税、减税项目的销售额；未分别核算销售额的，不得免税、减税。”因此，纳税人既有应税项目，又有减免税项目，应分别核算销售额，未分别核算的，不能享受减免税优惠政策。

1.8 2019 年之前出台的增值税主要优惠政策①

1.8.1 减免税

1.8.1.1 暂行条例规定的优惠政策

《增值税暂行条例》第十五条规定：

“下列项目免征增值税：

① 本节的增值税优惠政策，是指 2016 年 5 月 1 日全面营改增后出台的现行有效的主要增值税优惠政策。

（一）农业生产者销售的自产农产品；

（二）避孕药品和用具；

（三）古旧图书；

（四）直接用于科学研究、科学试验和教学的进口仪器、设备；

（五）外国政府、国际组织无偿援助的进口物资和设备；

（六）由残疾人的组织直接进口供残疾人专用的物品；

（七）销售的自己使用过的物品。”

1.8.1.2　文化教育

财税〔2016〕36 号文件附件 3《营业税改征增值税试点过渡政策的规定》规定，托儿所、幼儿园提供的保育和教育服务、从事学历教育的学校提供的教育服务、学生勤工俭学提供的服务、政府举办的从事学历教育的高等、中等和初等学校（不含下属单位），举办进修班、培训班取得的全部归该学校所有的收入、政府举办的职业学校设立的主要为在校学生提供实习场所、并由学校出资自办、由学校负责经营管理、经营收入归学校所有的企业，从事《销售服务、无形资产或者不动产注释》中“现代服务”（不含融资租赁服务、广告服务和其他现代服务）、“生活服务”（不含文化体育服务、其他生活服务和桑拿、氧吧）业务活动取得的收入等，免征增值税。

1.8.1.3　社会福利机构

财税〔2016〕36 号文件附件 3《营业税改征增值税试点过渡政策的规定》规定，养老机构提供的养老服务、残疾人福利机构提供的育养服务、婚姻介绍服务、殡葬服务、家政服务企业由员工制家政服务员提供家政服务取得的收入等，免征增值税。

1.8.1.4　残疾人相关优惠

财税〔2016〕36 号文件附件 3《营业税改征增值税试点过渡政策的规定》规定，残疾人员本人为社会提供的服务，免征增值税。

《财政部　国家税务总局关于促进残疾人就业增值税优惠政策的通知》（财税〔2016〕52 号）第八条规定，残疾人个人提供的加工、修理修配劳务，免征增值税。

1.8.1.5 支持“三农”

财税〔2016〕36号文件附件3《营业税改征增值税试点过渡政策的规定》规定，农业机耕、排灌、病虫害防治、植物保护、农牧保险以及相关技术培训业务，家禽、牲畜、水生动物的配种和疾病防治，将土地使用权转让给农业生产者用于农业生产，免征增值税。

《财政部 国家税务总局关于建筑服务等营改增试点政策的通知》（财税〔2017〕58号）第四条规定，纳税人采取转包、出租、互换、转让、入股等方式将承包地流转给农业生产者用于农业生产，免征增值税。

《财政部 税务总局关于小额贷款公司有关税收政策的通知》（财税〔2017〕48号）第一条规定，自2017年1月1日至2019年12月31日，对经省级金融管理部门（金融办、局等）批准成立的小额贷款公司取得的农户小额贷款利息收入，免征增值税。

1.8.1.6 金融机构的小微企业贷款

为进一步加大对小微企业的支持力度，《财政部 税务总局关于金融机构小微企业贷款利息收入免征增值税政策的通知》（财税〔2018〕91号）规定，自2018年9月1日至2020年12月31日，对金融机构向小型企业、微型企业和个体工商户发放小额贷款取得的利息收入，免征增值税。金融机构可以选择以下两种方法之一适用免税：

（1）对金融机构向小型企业、微型企业和个体工商户发放的，利率水平不高于人民银行同期贷款基准利率150%（含本数）的单笔小额贷款取得的利息收入，免征增值税；高于人民银行同期贷款基准利率150%的单笔小额贷款取得的利息收入，按照现行政策规定缴纳增值税。

（2）对金融机构向小型企业、微型企业和个体工商户发放单笔小额贷款取得的利息收入中，不高于该笔贷款按照人民银行同期贷款基准利率150%（含本数）计算的利息收入部分，免征增值税；超过部分按照现行政策规定缴纳增值税。

金融机构可按会计年度在以上两种方法之间选定其一作为该年的免税适用方法，一经选定，该会计年度内不得变更。

所称金融机构，是指经人民银行、银保监会批准成立的已通过监管部门上一年度“两增两控”考核的机构（2018 年通过考核的机构名单以 2018 年上半年实现“两增两控”目标为准），以及经人民银行、银保监会、证监会批准成立的开发银行及政策性银行、外资银行和非银行业金融机构。“两增两控”是指单户授信总额 1000 万元以下（含）小微企业贷款同比增速不低于各项贷款同比增速，有贷款余额的户数不低于上年同期水平，合理控制小微企业贷款资产质量水平和贷款综合成本（包括利率和贷款相关的银行服务收费）水平。金融机构完成“两增两控”情况，以银保监会及其派出机构考核结果为准。

所称小型企业、微型企业，是指符合《中小企业划型标准规定》（工信部联企业〔2011〕300 号）的小型企业和微型企业。其中，资产总额和从业人员指标均以贷款发放时的实际状态确定；营业收入指标以贷款发放前 12 个自然月的累计数确定，不满 12 个自然月的，按照以下公式计算：

营业收入（年）＝企业实际存续期间营业收入/企业实际存续月数×12

所称小额贷款，是指单户授信小于 1000 万元（含本数）的小型企业、微型企业或个体工商户贷款；没有授信额度的，是指单户贷款合同金额且贷款余额在 1000 万元（含本数）以下的贷款。

金融机构应将相关免税证明材料留存备查，单独核算符合免税条件的小额贷款利息收入，按现行规定向主管税务机构办理纳税申报；未单独核算的，不得免征增值税。

金融机构应依法依规享受增值税优惠政策，一经发现存在虚报或造假骗取本项税收优惠情形的，停止享受本通知有关增值税优惠政策。

金融机构应持续跟踪贷款投向，确保贷款资金真正流向小型企业、微型企业和个体工商户，贷款的实际使用主体与申请主体一致。

金融机构向小型企业、微型企业及个体工商户发放单户授信小于 100 万元（含本数），或者没有授信额度，单户贷款合同金额且贷款余额在 100 万元（含本数）以下的贷款取得的利息收入，可继续按照《财政部　税务总局关于支持小微企业融资有关税收政策的通知》（财税〔2017〕77 号）的规定免征增值税。

1.8.1.7　图书批发、零售

《财政部　税务总局关于延续宣传文化增值税优惠政策的通知》（财税

〔2018〕53号）第二条规定，自2018年1月1日起至2020年12月31日，免征图书批发、零售环节增值税。

1.8.1.8 科技企业孵化器，大学科技园和众创空间

为进一步鼓励创业创新，《财政部 税务总局 科技部 教育部关于科技企业孵化器 大学科技园和众创空间税收政策的通知》（财税〔2018〕120号）规定，自2019年1月1日至2021年12月31日，国家级、省级科技企业孵化器、大学科技园和国家备案众创空间向在孵对象提供孵化服务取得的收入，免征增值税。

所称孵化服务，是指为在孵对象提供的经纪代理、经营租赁、研发和技术、信息技术、鉴证咨询服务。

1.8.2 适用简易计税方法

1.8.2.1 建筑服务

财税〔2016〕36号文件附件2《营业税改征增值税试点有关事项的规定》规定：

1. 一般纳税人以清包工方式提供的建筑服务，可以选择适用简易计税方法计税。

以清包工方式提供建筑服务，是指施工方不采购建筑工程所需的材料或只采购辅助材料，并收取人工费、管理费或者其他费用的建筑服务。

2. 一般纳税人为甲供工程提供的建筑服务，可以选择适用简易计税方法计税。

甲供工程，是指全部或部分设备、材料、动力由工程发包方自行采购的建筑工程。

3. 一般纳税人为建筑工程老项目提供的建筑服务，可以选择适用简易计税方法计税。

建筑工程老项目，是指：

（1）《建筑工程施工许可证》注明的合同开工日期在2016年4月30日前的建筑工程项目；

（2）未取得《建筑工程施工许可证》的，建筑工程承包合同注明的开工

日期在2016年4月30日前的建筑工程项目。

财税〔2017〕58号文件第一条规定，建筑工程总承包单位为房屋建筑的地基与基础、主体结构提供工程服务，建设单位自行采购全部或部分钢材、混凝土、砌体材料、预制构件的，适用简易计税方法计税。

地基与基础、主体结构的范围，按照《建筑工程施工质量验收统一标准》（GB 50300—2013）附录B《建筑工程的分部工程、分项工程划分》中的“地基与基础”“主体结构”分部工程的范围执行。

国家税务总局公告2018年第42号第六条规定，一般纳税人销售自产机器设备的同时提供安装服务，应分别核算机器设备和安装服务的销售额，安装服务可以按照甲供工程选择适用简易计税方法计税。一般纳税人销售外购机器设备的同时提供安装服务，如果已经按照兼营的有关规定，分别核算机器设备和安装服务的销售额，安装服务可以按照甲供工程选择适用简易计税方法计税。

1.8.2.2 销售不动产

财税〔2016〕36号文件附件2《营业税改征增值税试点有关事项的规定》规定，一般纳税人销售其2016年4月30日前取得（不含自建）的不动产，可以选择适用简易计税方法，以取得的全部价款和价外费用减去该项不动产购置原价或者取得不动产时的作价后的余额为销售额，按照5%的征收率计算应纳税额。纳税人应按照上述计税方法在不动产所在地预缴税款后，向机构所在地主管税务机关进行纳税申报。

一般纳税人销售其2016年4月30日前自建的不动产，可以选择适用简易计税方法，以取得的全部价款和价外费用为销售额，按照5%的征收率计算应纳税额。纳税人应按照上述计税方法在不动产所在地预缴税款后，向机构所在地主管税务机关进行纳税申报。

1.8.2.3 不动产经营租赁服务

财税〔2016〕36号文件附件2《营业税改征增值税试点有关事项的规定》规定，一般纳税人出租其2016年4月30日前取得的不动产，可以选择适用简易计税方法，按照5%的征收率计算应纳税额。纳税人出租其2016年4月30日前取得的与机构所在地不在同一县（市）的不动产，应按照上述计税方法在不动产所在地预缴税款后，向机构所在地主管税务机关进行纳税申报。

1.8.2.4　转让土地使用权

《财政部　国家税务总局关于进一步明确全面推开营改增试点有关劳务派遣服务、收费公路通行费抵扣等政策的通知》（财税〔2016〕47号）第三条第二项规定，纳税人转让2016年4月30日前取得的土地使用权，可以选择适用简易计税方法，以取得的全部价款和价外费用减去取得该土地使用权的原价后的余额为销售额，按照5%的征收率计算缴纳增值税。

1.8.2.5　公共交通运输服务

财税〔2016〕36号文件附件2《营业税改征增值税试点有关事项的规定》规定，一般纳税人提供公共交通运输服务，可以选择适用简易计税方法计税。

公共交通运输服务，包括轮客渡、公交客运、地铁、城市轻轨、出租车、长途客运、班车。班车，是指按固定路线、固定时间运营并在固定站点停靠的运送旅客的陆路运输服务。

1.8.2.6　电影产业

财税〔2016〕36号文件附件2《营业税改征增值税试点有关事项的规定》规定，一般纳税人提供电影放映服务、仓储服务、装卸搬运服务、收派服务和文化体育服务，可以选择适用简易计税方法计税。

1.8.2.7　物业管理服务中收取的自来水水费

《国家税务总局关于物业管理服务中收取的自来水水费增值税问题的公告》（国家税务总局公告2016年第54号）规定，提供物业管理服务的纳税人，向服务接受方收取的自来水水费，以扣除其对外支付的自来水水费后的余额为销售额，按照简易计税方法依3%的征收率计算缴纳增值税。

1.8.2.8　劳务派遣

财税〔2016〕47号文件第一条规定，一般纳税人提供劳务派遣服务，可以取得的全部价款和价外费用为销售额，按照一般计税方法计算缴纳增值税；也可以选择差额纳税，以取得的全部价款和价外费用，扣除代用工单位支付给劳务派遣员工的工资、福利和为其办理社会保险及住房公积金后的余额为销售额，按照简易计税方法依5%的征收率计算缴纳增值税。

1.8.2.9 人力资源外包

财税〔2016〕47号文件第三条第一项规定，一般纳税人提供人力资源外包服务，可以选择适用简易计税方法，按照5%的征收率计算缴纳增值税。

1.8.2.10 安全保护服务

《财政部　国家税务总局关于进一步明确全面推开营改增试点有关再保险、不动产租赁和非学历教育等政策的通知》（财税〔2016〕68号）第四条规定，纳税人提供安全保护服务，比照劳务派遣服务政策执行。

1.8.2.11 非学历教育

财税〔2016〕68号文件第三条规定，一般纳税人提供非学历教育服务，可以选择适用简易计税方法按照3%征收率计算应纳税额。

1.8.2.12 抗癌药品

为鼓励抗癌制药产业发展，降低患者用药成本，《财政部　海关总署　税务总局　国家药品监督管理局关于抗癌药品增值税政策的通知》（财税〔2018〕47号）规定，自2018年5月1日起，增值税一般纳税人生产销售和批发、零售抗癌药品，可选择按照简易办法依照3%征收率计算缴纳增值税。上述纳税人选择简易办法计算缴纳增值税后，36个月内不得变更。此外还规定，自2018年5月1日起，对进口抗癌药品，减按3%征收进口环节增值税。抗癌药品清单（第一批）见表1-4和表1-5。

纳税人应单独核算抗癌药品的销售额。未单独核算的，不得适用简易征收政策。

所称抗癌药品，是指经国家药品监督管理部门批准注册的抗癌制剂及原料药。抗癌药品范围实行动态调整，由财政部、海关总署、税务总局、国家药品监督管理局根据变化情况适时明确。

表1-4　　抗癌药品清单（第一批）——抗癌药品制剂

序号	药品活性成分名称	已获准上市的剂型	税号
1	阿那曲唑	片剂	30049090
2	阿糖胞苷	注射剂	30021900
3	阿昔替尼	片剂	30049090

续表

序号	药品活性成分名称	已获准上市的剂型	税号
4	阿扎胞苷	注射剂	30049090
5	奥沙利铂	注射剂	30049090
6	奥替拉西/吉美嘧啶/替加氟	胶囊剂、片剂	30049090
7	白消安	片剂、注射剂	30049090
8	苯丁酸氮芥	片剂	30049090
9	比卡鲁胺	片剂、胶囊	30049090
10	表柔比星	注射剂	30042090
11	醋酸阿比特龙	片剂	30043900
12	醋酸奥曲肽	注射剂	30043900
13	醋酸戈舍瑞林	植入剂	30043200
14	醋酸亮丙瑞林	注射剂	30043900
15	醋酸曲普瑞林	注射剂	30043200
16	达卡巴嗪	注射剂	30049090
17	达沙替尼	片剂	30049090
18	地西他滨	注射剂	30049090
19	多西他赛	注射剂	30049090
20	氟尿嘧啶	注射剂、片剂、口服乳剂、乳膏、植入剂、口服溶液	30041090
21	氟他胺	片剂、胶囊	30049090
22	氟维司群	注射剂	30043200
23	福美坦	注射剂	30043900
24	福莫司汀	注射剂	30049090
25	枸橼酸他莫昔芬	片剂、口服溶液	30049090
26	枸橼酸托瑞米芬	片剂	30049090
27	环磷酰胺	注射剂、片剂	30049090
28	吉非替尼	片剂	30049090
29	甲氨蝶呤	注射剂	30049090
30	甲苯磺酸拉帕替尼	片剂	30049090
31	甲苯磺酸索拉非尼	片剂	30049090
32	甲磺酸阿帕替尼	片剂	30049090
33	甲磺酸奥希替尼	片剂	30049090
34	甲磺酸伊马替尼	胶囊剂、片剂	30049090
35	酒石酸长春瑞滨	胶囊剂、注射剂	30044900
36	卡铂	注射剂	30049090
37	卡莫氟	片剂	30049090

续表

序号	药品活性成分名称	已获准上市的剂型	税号
38	卡培他滨	片剂	30049090
39	克拉屈滨	注射剂	30049090
40	克唑替尼	胶囊剂	30049090
41	来那度胺	胶囊剂	30049090
42	来曲唑	片剂	30049090
43	雷替曲塞	注射剂	30049090
44	磷酸雌莫司汀	胶囊剂	30043900
45	磷酸氟达拉滨	片剂、注射剂	30049090
46	磷酸芦可替尼	片剂	30049090
47	磷酸依托泊苷	注射剂	30049090
48	硫酸长春地辛	注射剂	30044900
49	硫酸长春新碱	注射剂	30044900
50	洛铂	注射剂	30049090
51	马来酸阿法替尼	片剂	30049090
52	美法仑	片剂	30049090
53	门冬酰胺酶	注射剂	30049090
54	奈达铂	注射剂	30049090
55	尼洛替尼	胶囊剂	30049090
56	培美曲塞二钠	注射剂	30049090
57	培门冬酶	注射剂	30049090
58	培唑帕尼	片剂	30049090
59	硼替佐米	注射剂	30049090
60	苹果酸舒尼替尼	胶囊剂	30049090
61	羟喜树碱	注射剂	30044900
62	巯嘌呤	片剂	30049090
63	去氧氟尿苷	片剂、胶囊、分散片	30049090
64	瑞戈非尼	片剂	30049090
65	双羟萘酸曲普瑞林	注射剂	30043900
66	顺铂	注射剂	30049090
67	丝裂霉素	注射剂	30042090
68	替加氟	片剂、注射剂	30049090
69	替莫唑胺	胶囊剂	30049090
70	替尼泊苷	注射剂	30049090

续表

序号	药品活性成分名称	已获准上市的剂型	税号
71	维莫非尼	片剂	30049090
72	西达本胺	片剂	30049090
73	亚叶酸钙	注射剂	30049090
74	亚叶酸钠	注射剂	30049090
75	盐酸阿糖胞苷	注射剂	30049090
76	盐酸埃克替尼	片剂	30049090
77	盐酸吡柔比星	注射剂	30049090
78	盐酸表柔比星	注射剂	30049090
79	盐酸博来霉素	注射剂	30042090
80	盐酸氮芥	注射剂	30049090
81	盐酸多柔比星	注射剂	30042090
82	盐酸厄洛替尼	片剂	30049090
83	盐酸吉西他滨	注射剂	30049090
84	盐酸尼莫司汀	注射剂	30049090
85	盐酸平阳霉素	注射剂	30042090
86	盐酸柔红霉素	注射剂	30042090
87	盐酸托泊替康	注射剂	30044900
88	盐酸伊达比星	胶囊剂、注射剂	30042090
89	盐酸伊立替康	注射剂	30049090
90	伊布替尼	胶囊剂	30049090
91	依托泊苷	胶囊剂、注射剂	30049090
92	依维莫司	片剂	30049090
93	依西美坦	片剂	30043200
94	异环磷酰胺	注射剂	30049090
95	重酒石酸长春瑞滨	注射剂	30044900
96	紫杉醇	注射剂	30049090
97	左亚叶酸钙	注射剂	30049090
98	尿嘧啶/替加氟	片剂、胶囊	30049090
99	贝伐珠单抗注射液	注射剂	30021500
100	利妥昔单抗注射液	注射剂	30021500
101	西妥昔单抗注射液	注射剂	30021200
102	注射用曲妥珠单抗	注射剂	30021500
103	尼妥珠单抗注射液	注射剂	30021500

表 1 - 5　　抗癌药品清单（第一批）——抗癌药品原料药

序号	药品名称	税号
1	阿那曲唑	29339900
2	奥沙利铂	28439000
3	奥替拉西钾	29336990
4	白消安	29053990
5	比卡鲁胺	29309090
6	吡柔比星	29419090
7	醋酸曲普瑞林	29371900
8	达沙替尼	29341090
9	地西他滨	29349990
10	多西他赛	29329990
11	氟脲苷	29349990
12	氟他胺	29242990
13	福美坦	29372319
14	环磷酰胺	29349990
15	吉非替尼	29349990
16	吉美嘧啶	29333990
17	甲磺酸阿帕替尼	29333990
18	甲磺酸伊马替尼	29335990
19	酒石酸长春瑞滨	29397990
20	卡铂	28439000
21	卡培他滨	29349990
22	来那度胺	29337900
23	来曲唑	29339900
24	雷替曲塞	29349990
25	磷酸氟达拉滨	29349990
26	硫酸长春新碱	29397990
27	硫唑嘌呤	29335990
28	门冬酰胺酶	35079090
29	奈达铂	28439000
30	培美曲塞二钠	29335990
31	硼替佐米	29339900
32	顺铂	28439000
33	丝裂霉素	29419090

续表

序号	药品名称	税号
34	替加氟	29349990
35	替莫唑胺	29339900
36	西达本胺	29333990
37	盐酸阿糖胞苷	29349990
38	盐酸埃克替尼	29349990
39	盐酸表柔比星	29419090
40	盐酸多柔比星	29419090
41	盐酸吉西他滨	29349990
42	盐酸米托蒽醌	29225090
43	盐酸平阳霉素	29419090
44	盐酸柔红霉素	29419090
45	盐酸托泊替康	29397990
46	盐酸伊达比星	29419090
47	盐酸伊立替康	29397990
48	依西美坦	29372900
49	异环磷酰胺	29349990
50	紫杉醇	29329990
51	左亚叶酸钙	29335990

1.8.2.13 销售使用过的固定资产

财税〔2016〕36号文件附件2《营业税改征增值税试点有关事项的规定》规定，一般纳税人销售自己使用过的、纳入营改增试点之日前取得的固定资产，按照现行旧货相关增值税政策执行。

一般纳税人销售旧货按简易办法依照3%征收率减按2%征收增值税，并且应开具普通发票，不得自行开具或者由税务机关代开增值税专用发票。

1.8.3 即征即退

1.8.3.1 管道运输服务

财税〔2016〕36号文件附件2《营业税改征增值税试点有关事项的规定》规定，一般纳税人提供管道运输服务，对其增值税实际税负超过3%的部分实行增值税即征即退政策。

1.8.3.2 融资租赁服务

财税〔2016〕36号文件附件2《营业税改征增值税试点有关事项的规定》规定，经人民银行、银监会或者商务部批准从事融资租赁业务的试点纳税人中的一般纳税人，提供有形动产融资租赁服务和有形动产融资性售后回租服务，对其增值税实际税负超过3%的部分实行增值税即征即退政策。

1.8.3.3 动漫企业

《财政部 税务总局关于延续动漫产业增值税政策的通知》（财税〔2018〕38号）规定，自2018年1月1日至2018年4月30日，对动漫企业增值税一般纳税人销售其自主开发生产的动漫软件，按照17%的税率征收增值税后，对其增值税实际税负超过3%的部分，实行即征即退政策。

自2018年5月1日至2020年12月31日，对动漫企业增值税一般纳税人销售其自主开发生产的动漫软件，按照16%的税率征收增值税后，对其增值税实际税负超过3%的部分，实行即征即退政策。

动漫软件出口免征增值税。

动漫软件，按照《财政部 国家税务总局关于软件产品增值税政策的通知》（财税〔2011〕100号）中软件产品相关规定执行。

动漫企业和自主开发、生产动漫产品的认定标准和认定程序，按照《文化部 财政部 国家税务总局关于印发〈动漫企业认定管理办法（试行）〉的通知》（文市发〔2008〕51号）的规定执行。

1.8.4 注意事项

财税〔2016〕36号文件附件1《营业税改征增值税试点实施办法》第四十一条规定："纳税人兼营免税、减税项目的，应当分别核算免税、减税项目的销售额；未分别核算销售额的，不得免税、减税。"因此，纳税人既有应税项目，又有减免税项目，应分别核算销售额，未分别核算的，不能享受减免税优惠政策。

2　企业所得税优惠政策

2019 年的减税降费政策措施中，企业所得税优惠政策主要体现为大幅提高小型微利企业标准。本章首先着重讲解小型微利企业优惠政策，其次介绍 2019 年开始实施的企业所得税优惠政策，最后详细讲解高新技术企业、研发费用加计扣除等 2019 年之前已经实施的主要企业所得税优惠政策。

2.1　小型微利企业企业所得税优惠政策

2.1.1　政策规定

《财政部　税务总局关于实施小微企业普惠性税收减免政策的通知》（财税〔2019〕13 号）和《国家税务总局关于实施小型微利企业普惠性所得税减免政策有关问题的公告》（国家税务总局公告 2019 年第 2 号）规定，自 2019 年 1 月 1 日至 2021 年 12 月 31 日，对小型微利企业年应纳税所得额不超过 100 万元的部分，减按 25% 计入应纳税所得额，按 20% 的税率缴纳企业所得税；对年应纳税所得额超过 100 万元但不超过 300 万元的部分，减按 50% 计入应纳税所得额，按 20% 的税率缴纳企业所得税。即小型微利企业年应纳税所得额不超过 100 万元的部分，按照相当于 5% 的税率缴纳企业所得税；超过 100 万元但不超过 300 万元的部分，按照相当于 10% 的税率缴纳企业所得税。减税力度空前。

【例 2－1】　某小型微利企业 2019 年度应纳税所得额为 300 万元，

应纳企业所得税额 =100×25%×20% + (300-100)×50%×20% =25(万元),原来的应纳企业所得税额 =300×25% =75(万元),2019 年实行优惠政策之后将比之前减少 50 万元,减税效果显著。

由于企业所得税也引入了超额累计的计算方法,会导致企业应纳税所得额在临界值上下,税负也会产生较大差异。因此,企业应关注临界值。

【例 2-2】 接【例 2-1】,该企业 2020 年度应纳税所得额为 301 万元,不能享受小型微利企业优惠,应纳企业所得税额 =301×25% =75.25(万元)。可见,当该企业年应税所得额超过 300 万元之后,应纳税所得额增加 1 万元,应纳税额增加 50.25 万元(75.25-25 =50.25),税负差异较大。

小型微利企业无论按查账征收方式或核定征收方式缴纳企业所得税,均可享受上述优惠政策。

2.1.2 认定条件

2.1.2.1 2019 年小型微利企业认定标准

财税〔2019〕13 号文件规定,小型微利企业是指从事国家非限制和禁止行业,且同时符合年度应纳税所得额不超过 300 万元、从业人数不超过 300 人、资产总额不超过 5000 万元等三个条件的企业。其中:国家限制和禁止行业可参照《产业结构调整指导目录(2011 年本)》(2013 年修订)规定的限制类和淘汰类,以及《外商投资产业指导目录(2017 年修订)》中规定的限制外商投资产业目录、禁止外商投资产业目录列举的产业加以判断。

从业人数,包括与企业建立劳动关系的职工人数和企业接受的劳务派遣用工人数。所称从业人数和资产总额指标,应按企业全年的季度平均值确定。具体计算公式如下:

季度平均值 =(季初值 + 季末值)÷2

全年季度平均值 = 全年各季度平均值之和 ÷4

年度中间开业或者终止经营活动的，以其实际经营期作为一个纳税年度确定上述相关指标。

需要注意的是，自2009年起，小型微利企业的从业人数都是指包括与企业建立劳动关系的职工人数和企业接受的劳务派遣用工人数。据此规定，小型微利企业的从业人数包括两部分：一是与企业建立劳动关系的职工人数；二是企业接受的劳务派遣用工人数。若为一般企业，没有疑义，但劳务派遣公司的从业人数是否包括劳务派遣人员一直存在争议。

根据《劳动合同法》相关规定，劳务派遣公司与劳务派遣人员签订劳动合同，劳务派遣公司与劳务派遣人员形成劳动关系，符合“与企业建立劳动关系的职工人数”的规定，应作为劳务派遣公司的从业人数，但由于很多劳务派遣公司的劳务派遣人员在数百人以上，因此享受不到小型微利企业优惠政策。

那么问题来了，由于接受劳务派遣人员的用工单位的从业人数应包括“企业接受的劳务派遣用工人数”，导致劳务派遣人员既包括在劳务派遣公司的从业人数中，又包括在用工单位的从业人数中，重复计算。

此次改革中明确，鉴于劳务派遣用工已计入接受劳务派遣企业从业人数，为避免再重复计算，劳务派遣单位的从业人数，不包含已派出人员。至此，该争议得到解决，劳务派遣人员只计入用工单位的从业人数，不再计入劳务派遣公司的从业人数。

2.1.2.2 小型微利企业税收政策沿革

《企业所得税法实施条例》第九十二条规定：“企业所得税法第二十八条第一款所称符合条件的小型微利企业，是指从事国家非限制和禁止行业，并符合下列条件的企业：（一）工业企业，年度应纳税所得额不超过30万元，从业人数不超过100人，资产总额不超过3000万元；（二）其他企业，年度应纳税所得额不超过30万元，从业人数不超过80人，资产总额不超过1000万元。”应纳税所得额符合一定金额的，可以减半征收，直至2019年不再区分工业企业和其他企业。小型微利企业减半征收政策沿革如表2－1所示。

表 2-1　　　　小型微利企业减半征收政策沿革

减半征收起止年限	年应纳税所得额不超过	从业人数不超过	资产总额不超过	政策依据
2008—2010 年	无减半征收			
2010—2011 年	3 万元	100 人/80 人	3000 万元/1000 万元	《财政部　国家税务总局关于小型微利企业有关企业所得税政策的通知》（财税〔2009〕133 号）、《财政部　国家税务总局关于继续实施小型微利企业所得税优惠政策的通知》（财税〔2011〕4 号）
2012—2013 年	6 万元	100 人/80 人	3000 万元/1000 万元	《财政部　国家税务总局关于小型微利企业所得税优惠政策有关问题的通知》（财税〔2011〕117 号）
2014 年	10 万元	100 人/80 人	3000 万元/1000 万元	《财政部　国家税务总局关于小型微利企业所得税优惠政策有关问题的通知》（财税〔2014〕34 号）
2015 年 1 月 1 日至 9 月 30 日	20 万元	100 人/80 人	3000 万元/1000 万元	《财政部　国家税务总局关于小型微利企业所得税优惠政策的通知》（财税〔2015〕34 号）
2015 年 10 月 1 日至 2016 年 12 月 31 日	30 万元	100 人/80 人	3000 万元/1000 万元	《财政部　国家税务总局关于进一步扩大小型微利企业所得税优惠政策范围的通知》（财税〔2015〕99 号）
2017 年	50 万元	100 人/80 人	3000 万元/1000 万元	《财政部　税务总局关于扩大小型微利企业所得税优惠政策范围的通知》（财税〔2017〕43 号）
2018 年	100 万元	100 人/80 人	3000 万元/1000 万元	《财政部　税务总局关于进一步扩大小型微利企业所得税优惠政策范围的通知》（财税〔2018〕77 号）
2019—2021 年	不超过 100 万元，减按 25%；超过 100 万元不超过 300 万元，减按 50%	300 人	5000 万元	《财政部　税务总局关于实施小微企业普惠性税收减免政策的通知》（财税〔2019〕13 号）

2.1.3　纳税申报

2.1.3.1　预缴

小型微利企业所得税统一实行按季度预缴。

预缴企业所得税时，小型微利企业的资产总额、从业人数、年度应纳税所得额指标，暂按当年度截至本期申报所属期末的情况进行判断。其中，资产总额、从业人数指标比照"全年季度平均值"的计算公式，计算截至本期申报所属期末的季度平均值；年度应纳税所得额指标暂按截至本期申报所属期末不超过300万元的标准判断，即本年1月1日至本季末的累计应纳税所得额。

【例2-3】　甲企业于2017年成立，从事国家非限制和禁止行业，2019年各季度的资产总额、从业人数及累计应纳税所得额情况如下表所示：

季度	从业人数		资产总额（万元）		应纳税所得额（累计值，万元）
	期初	期末	期初	期末	
第1季度	120	200	2000	4000	150
第2季度	400	500	4000	6600	200
第3季度	350	200	6600	7000	280
第4季度	220	210	7000	2500	350

甲企业在预缴2019年度企业所得税时，判断是否符合小型微利企业条件的具体过程如下表所示：

指标		第1季度	第2季度	第3季度	第4季度
从业人数	季初	120	400	350	220
	季末	200	500	200	210
	季度平均值	（120＋200）÷2＝160	（400＋500）÷2＝450	（350＋200）÷2＝275	（220＋210）÷2＝215
	截至本期末季度平均值	160	（160＋450）÷2＝305	（160＋450＋275）÷3＝295	（160＋450＋275＋215）÷4＝275
资产总额（万元）	季初	2000	4000	6600	7000
	季末	4000	6600	7000	2500
	季度平均值	（2000＋4000）÷2＝3000	（4000＋6600）÷2＝5300	（6600＋7000）÷2＝6800	（7000＋2500）÷2＝4750
	截至本期末季度平均值	3000	（3000＋5300）÷2＝4150	（3000＋5300＋6800）÷3＝5033.33	（3000＋5300＋6800＋4750）÷4＝4962.5
应纳税所得额（累计值，万元）		150	200	280	350
判断结果		符合	不符合（从业人数超标）	不符合（资产总额超标）	不符合（应纳税所得额超标）

【例2－4】 乙企业于2019年5月成立，从事国家非限制和禁止行业，2019年各季度的资产总额、从业人数及累计应纳税所得额情况如下表所示：

季度	从业人数		资产总额（万元）		应纳税所得额（累计值，万元）
	期初	期末	期初	期末	
第2季度	100	200	1500	3000	200
第3季度	260	300	3000	5000	350
第4季度	280	330	5000	6000	280

乙企业在预缴2019年度企业所得税时，判断是否符合小型微利企业条件的具体过程如下表所示：

指标		第2季度	第3季度	第4季度
从业人数	季初	100	260	280
	季末	200	300	330
	季度平均值	(100+200) ÷2=150	(260+300) ÷2=280	(280+330) ÷2=305
	截至本期末季度平均值	150	(150+280) ÷2=215	(150+280+305) ÷3=245
资产总额(万元)	季初	1500	3000	5000
	季末	3000	5000	6000
	季度平均值	(1500+3000) ÷2=2250	(3000+5000) ÷2=4000	(5000 + 6000) ÷ 2=5500
	截至本期末季度平均值	2250	(2250+4000) ÷2=3125	(2250+4000+5500) ÷3=3916.67
应纳税所得额(累计值,万元)		200	350	280
判断结果		符合	不符合(应纳税所得额超标)	符合

原不符合小型微利企业条件的企业,在年度中间预缴企业所得税时,按国家税务总局公告2019年第2号第三条规定判断符合小型微利企业条件的,应按照截至本期申报所属期末累计情况计算享受小型微利企业所得税减免政策。当年度此前期间因不符合小型微利企业条件而多预缴的企业所得税税款,可在以后季度应预缴的企业所得税税款中抵减。

【例2-5】 丙企业2019年第1季度预缴企业所得税时,经过判断不符合小型微利企业条件,但是此后的第2季度和第3季度预缴企业所得税时,经过判断符合小型微利企业条件。第1季度至第3季度预缴企业所得税时,相应的累计应纳税所得额分别为50万元、100万元、200万元。

丙企业在预缴2019年第1—3季度企业所得税时,实际应纳所得税额和减免税额的计算过程如下表所示:

计算过程	第1季度	第2季度	第3季度
预缴时，判断是否为小型微利企业	不符合小型微利企业条件	符合小型微利企业条件	符合小型微利企业条件
应纳税所得额（累计值，万元）	50	100	200
实际应纳所得税额（累计值，万元）	50×25%=12.5	100×25%×20%=5	100×25%×20%+（200-100）×50%×20%=15
本期应补（退）所得税额（万元）	12.5	0 （5-12.5<0，本季度应缴税款为0）	15-12.5=2.5
已纳所得税额（累计值，万元）	12.5	12.5+0=12.5	12.5+0+2.5=15
减免所得税额（累计值，万元）	50×25%-12.5=0	100×25%-5=20	200×25%-15=35

2.1.3.2 汇算清缴

企业预缴企业所得税时已享受小型微利企业所得税减免政策，汇算清缴企业所得税时不符合小型微利企业条件的，应当按照规定补缴企业所得税税款。

为减轻小型微利企业纳税申报负担，《国家税务总局关于简化小型微利企业所得税年度纳税申报有关措施的公告》（国家税务总局公告2018年第58号）规定：

A100000《企业所得税年度纳税申报表（A类）》为小型微利企业必填表单。

A000000《企业所得税年度纳税申报基础信息表》中的“基本经营情况”为小型微利企业必填项目；“有关涉税事项情况”为选填项目，存在或者发生相关事项时小型微利企业必须填报；“主要股东及分红情况”为小型微利企业免填项目。

小型微利企业免于填报A101010《一般企业收入明细表》、A101020《金融企业收入明细表》、A102010《一般企业成本支出明细表》、A102020《金融企业支出明细表》、A103000《事业单位、民间非营利组织收入、支出明细表》、A104000《期间费用明细表》。

上述表单相关数据应当在A100000《企业所得税年度纳税申报表（A

类)》中直接填写。

除上述规定的表单、项目外，小型微利企业可结合自身经营情况，选择表单填报。未发生表单中规定的事项，无需填报。

2.1.4 小微企业与小型微利企业的区分

综合现行税收政策，小微企业大致可以分为三种：统计意义上的小微企业、增值税上的小微企业和企业所得税上的小型微利企业。

统计意义上的小微企业，是指符合工业和信息化部、国家统计局、发展改革委、财政部制定的《中小企业划型标准规定》（工信部联企业〔2011〕300 号）标准的企业，2017 年，国家统计局印发《统计上大中小微型企业划分办法（2017)》(见表 2－2)。

表 2－2　　统计上大中小微型企业划分标准

行业名称	指标名称	计量单位	大型	中型	小型	微型
农、林、牧、渔业	营业收入（Y）	万元	Y≥20000	500≤Y＜20000	50≤Y＜500	Y＜50
工业*	从业人员（X）	人	X≥1000	300≤X＜1000	20≤X＜300	X＜20
	营业收入（Y）	万元	Y≥40000	2000≤Y＜40000	300≤Y＜2000	Y＜300
建筑业	营业收入（Y）	万元	Y≥80000	6000≤Y＜80000	300≤Y＜6000	Y＜300
	资产总额（Z）	万元	Z≥80000	5000≤Z＜80000	300≤Z＜5000	Z＜300
批发业	从业人员（X）	人	X≥200	20≤X＜200	5≤X＜20	X＜5
	营业收入（Y）	万元	Y≥40000	5000≤Y＜40000	1000≤Y＜5000	Y＜1000
零售业	从业人员（X）	人	X≥300	50≤X＜300	10≤X＜50	X＜10
	营业收入（Y）	万元	Y≥20000	500≤Y＜20000	100≤Y＜500	Y＜100
交通运输业*	从业人员（X）	人	X≥1000	300≤X＜1000	20≤X＜300	X＜20
	营业收入（Y）	万元	Y≥30000	3000≤Y＜30000	200≤Y＜3000	Y＜200
仓储业*	从业人员（X）	人	X≥200	100≤X＜200	20≤X＜100	X＜20
	营业收入（Y）	万元	Y≥30000	1000≤Y＜30000	100≤Y＜1000	Y＜100
邮政业	从业人员（X）	人	X≥1000	300≤X＜1000	20≤X＜300	X＜20
	营业收入（Y）	万元	Y≥30000	2000≤Y＜30000	100≤Y＜2000	Y＜100

续表

行业名称	指标名称	计量单位	大型	中型	小型	微型
住宿业	从业人员（X）	人	X≥300	100≤X<300	10≤X<100	X<10
	营业收入（Y）	万元	Y≥10000	2000≤Y<10000	100≤Y<2000	Y<100
餐饮业	从业人员（X）	人	X≥300	100≤X<300	10≤X<100	X<10
	营业收入（Y）	万元	Y≥10000	2000≤Y<10000	100≤Y<2000	Y<100
信息传输业*	从业人员（X）	人	X≥2000	100≤X<2000	10≤X<100	X<10
	营业收入（Y）	万元	Y≥100000	1000≤Y<100000	100≤Y<1000	Y<100
软件和信息技术服务业	从业人员（X）	人	X≥300	100≤X<300	10≤X<100	X<10
	营业收入（Y）	万元	Y≥10000	1000≤Y<10000	50≤Y<1000	Y<50
房地产开发经营	营业收入（Y）	万元	Y≥200000	1000≤Y<200000	100≤Y<1000	Y<100
	资产总额（Z）	万元	Z≥10000	5000≤Z<10000	2000≤Z<5000	Z<2000
物业管理	从业人员（X）	人	X≥1000	300≤X<1000	100≤X<300	X<100
	营业收入（Y）	万元	Y≥5000	1000≤Y<5000	500≤Y<1000	Y<500
租赁和商务服务业	从业人员（X）	人	X≥300	100≤X<300	10≤X<100	X<10
	资产总额（Z）	万元	Z≥120000	8000≤Z<120000	100≤Z<8000	Z<100
其他未列明行业*	从业人员（X）	人	X≥300	100≤X<300	10≤X<100	X<10

说明：

（1）大型、中型和小型企业须同时满足所列指标的下限，否则下划一档；微型企业只须满足所列指标中的一项即可。

（2）附表中各行业的范围以《国民经济行业分类》（GB/T 4754—2017）为准。带*的项为行业组合类别，其中，工业包括采矿业，制造业，电力、热力、燃气及水生产和供应业；交通运输业包括道路运输业，水上运输业，航空运输业，管道运输业，多式联运和运输代理业、装卸搬运，不包括铁路运输业；仓储业包括通用仓储，低温仓储，危险品仓储，谷物、棉花等农产品仓储，中药材仓储和其他仓储业；信息传输业包括电信、广播电视和卫星传输服务，互联网和相关服务；其他未列明行业包括科学研究和技术服务业，水利、环境和公共设施管理业，居民服务、修理和其他服务业，社会工作，文化、体育和娱乐业，以及房地产中介服务，其他房地产业等，不包括自有房地产经营活动。

(3) 企业划分指标以现行统计制度为准。①从业人员，是指期末从业人员数，没有期末从业人员数的，采用全年平均人员数代替。②营业收入，工业、建筑业、限额以上批发和零售业、限额以上住宿和餐饮业以及其他设置主营业务收入指标的行业，采用主营业务收入；限额以下批发与零售业企业采用商品销售额代替；限额以下住宿与餐饮业企业采用营业额代替；农、林、牧、渔业企业采用营业总收入代替；其他未设置主营业务收入的行业，采用营业收入指标。③资产总额，采用资产总计代替。

如第1章所述，增值税上的小微企业是以月（季）销售额为标准，月（季）销售额不超过10万元（30万元）的小规模纳税人，免征增值税。

对比可以看出，工信部标准的小微企业是以营业收入和（或）从业人员（如工业、零售业）、营业收入和（或）资产总额（如房地产开发经营业）、从业人员和（或）资产总额（如租赁和商务服务业）等指标依据划分的；增值税上的小微企业是以小规模纳税人和月（季）销售额划分的；企业所得税上的小型微利企业是以年应纳税所得额、从业人员和资产总额划分的。

因此，并不是只要企业符合工信部等标准的小微企业的条件，就一定符合税法规定的小微企业条件，如果不符合税法规定小微企业条件的，不能享受税收优惠。

2.1.5 注意事项

1. 减半征收须符合税收法规规定的小型微利企业条件

媒体经常将国家扶持的小微企业与税法中的小微企业混为一谈，宣传小微企业都可以享受减半征收优惠，这是不对的。小微企业除了应纳税所得额符合条件外，资产总额和从业人数还要符合相关规定。

2. 应纳税所得额超过300万元全额按25%税率征税

小型微利企业优惠并不是应纳税所得额不超过100万元的按5%税率，超过100万元不超过300万元的按10%税率，超过300万元的按25%税率，而是如【例2-2】，应纳税所得额超过300万元的全额按25%税率征税。

3. 劳务派遣人员也属于用工单位的从业人数

财税〔2019〕13号文件第二条规定："从业人数，包括与企业建立劳动关系的职工人数和企业接受的劳务派遣用工人数。"因此，劳务派遣人员也属于用工单位的从业人数。

4. 非居民企业不享受小型微利企业优惠

《企业所得税法》实施之初，大量外国企业常驻代表机构符合小型微利企业三项条件，欲享受小型微利企业优惠。《国家税务总局关于非居民企业不享受小型微利企业所得税优惠政策问题的通知》（国税函〔2008〕650号）规定："企业所得税法第二十八条规定的小型微利企业是指企业的全部生产经营活动产生的所得均负有我国企业所得税纳税义务的企业。因此，仅就来源于我国所得负有我国纳税义务的非居民企业，不适用该条规定的对符合条件的小型微利企业减按20%税率征收企业所得税的政策。"

5. 查补所得也应计入小型微利企业应纳税所得额

《国家税务总局关于查增应纳税所得额弥补以前年度亏损处理问题的公告》（国家税务总局公告2010年第20号）规定："根据《中华人民共和国企业所得税法》（以下简称企业所得税法）第五条的规定，税务机关对企业以前年度纳税情况进行检查时调增的应纳税所得额，凡企业以前年度发生亏损、且该亏损属于企业所得税法规定允许弥补的，应允许调增的应纳税所得额弥补该亏损。弥补该亏损后仍有余额的，按照企业所得税法规定计算缴纳企业所得税。对检查调增的应纳税所得额应根据其情节，依照《中华人民共和国税收征收管理法》有关规定进行处理或处罚。"因此，税务机关检查的查补所得应计入查补年度的应纳税所得额，若超过小型微利企业标准，不得享受小型微利企业优惠，须补缴相关税款。

2.2 2019年出台的其他企业所得税优惠政策

2.2.1 支持创投企业发展

财税〔2019〕13号文件第五条规定：

“《财政部　税务总局关于创业投资企业和天使投资个人有关税收政策的通知》（财税〔2018〕55 号）第二条第（一）项关于初创科技型企业条件中的‘从业人数不超过 200 人’调整为‘从业人数不超过 300 人’，‘资产总额和年销售收入均不超过 3000 万元’调整为‘资产总额和年销售收入均不超过 5000 万元’。

“2019 年 1 月 1 日至 2021 年 12 月 31 日期间发生的投资，投资满 2 年且符合本通知规定和财税〔2018〕55 号文件规定的其他条件的，可以适用财税〔2018〕55 号文件规定的税收政策。

“2019 年 1 月 1 日前 2 年内发生的投资，自 2019 年 1 月 1 日起投资满 2 年且符合本通知规定和财税〔2018〕55 号文件规定的其他条件的，可以适用财税〔2018〕55 号文件规定的税收政策。”

创投企业税收优惠政策详见“2. 3. 5　创投企业”。

2. 2. 2　扶贫捐赠政策

为支持脱贫攻坚，《财政部　税务总局　国务院扶贫办关于企业扶贫捐赠所得税税前扣除政策的公告》（财政部　税务总局　国务院扶贫办公告 2019 年第 49 号）规定，自 2019 年 1 月 1 日至 2022 年 12 月 31 日，企业通过公益性社会组织或者县级（含县级）以上人民政府及其组成部门和直属机构，用于目标脱贫地区的扶贫捐赠支出，准予在计算企业所得税应纳税所得额时据实扣除。

“目标脱贫地区”包括 832 个国家扶贫开发工作重点县、集中连片特困地区县和建档立卡贫困村。

若企业既发生扶贫捐赠支出，同时也发生其他公益性捐赠支出，在计算公益性捐赠支出税前扣除限额时，只计算其他公益性捐赠支出的限额，扶贫捐赠支出不计算在内。但需要注意的是，虽然打破了额度限制，但仍然必须“通过公益性社会组织或者县级（含县级）以上人民政府及其组成部门和直属机构”进行捐赠，否则不能税前扣除。如 1. 7. 1 所述，企业将货物捐赠给目标脱贫地区，免征增值税，但在企业所得税上不能税前扣除。

该政策还有两处优惠：一是在政策执行期限内，即使目标脱贫地区实现脱贫，企业对其的捐赠也可以继续适用据实扣除的政策。二是追溯调整。企业在 2015 年 1 月 1 日至 2018 年 12 月 31 日期间已发生的符合上述条件的扶贫捐赠支出，尚未在计算企业所得税应纳税所得额时扣除的部分，可执行上述政策。按照税务总局发布的政策解读，为简化操作，方便纳税人，企业在 2015 年 1 月 1 日至 2018 年 12 月 31 日期间已发生符合条件的扶贫捐赠支出尚未税前扣除的，在 2018 年度汇算清缴时一并调减。

2.2.3 支持从事污染防治的第三方企业发展

《财政部 税务总局 国家发展改革委 生态环境部关于从事污染防治的第三方企业所得税政策问题的公告》（财政部 税务总局 国家发展改革委 生态环境部公告 2019 年第 60 号）第一条规定：“对符合条件的从事污染防治的第三方企业（以下称第三方防治企业）减按 15% 的税率征收企业所得税。”

所称第三方防治企业应当同时符合以下条件：

（1）在中国境内（不包括港、澳、台地区）依法注册的居民企业；

（2）有 1 年以上连续从事环境污染治理设施运营实践，且能够保证设施正常运行；

（3）具有至少 5 名从事本领域工作且具有环保相关专业中级及以上技术职称的技术人员，或者至少 2 名从事本领域工作且具有环保相关专业高级及以上技术职称的技术人员；

（4）从事环境保护设施运营服务的年度营业收入占总收入的比例不低于 60%；

（5）具备检验能力，拥有自有实验室，仪器配置可满足运行服务范围内常规污染物指标的检测需求；

（6）保证其运营的环境保护设施正常运行，使污染物排放指标能够连续稳定达到国家或者地方规定的排放标准要求；

（7）具有良好的纳税信用，近三年内纳税信用等级未被评定为 C 级或 D 级。

第三方防治企业，自行判断其是否符合上述条件，符合条件的可以申报享受税收优惠，相关资料留存备查。税务部门依法开展后续管理过程中，可转请生态环境部门进行核查，生态环境部门可以委托专业机构开展相关核查工作，具体办法由税务总局会同国家发展改革委、生态环境部制定。

该政策执行期限自2019年1月1日起至2021年12月31日止。

有的符合条件的第三方防治企业同时符合《企业所得税法实施条例》第八十八条规定的从事符合条件的环境保护、节能节水项目所得“三免三减半”优惠。“三免三减半”是仅针对环境保护、节能节水项目所得的定期减免税，其他项目不享受；而15%税率是整个企业享受的优惠税率，即使其他项目也享受15%税率。那么，企业可以择优享受。若第三方防治企业为单一项目企业，完全从事污染防治，则可以在“三免三减半”结束后，继续享受15%优惠税率；若第三方防治企业为多项目企业，既有“三免三减半”项目，又有其他项目，则“三免三减半”项目继续享受“三免三减半”，其他项目享受15%税率，待“三免三减半”项目优惠到期后，也享受15%税率。但需要注意的是，企业只能按照25%法定税率计算减半，不能按照15%优惠税率计算减半。

2.2.4 支持农村饮水安全工程建设

《财政部 税务总局关于继续实行农村饮水安全工程税收优惠政策的公告》（财政部 税务总局公告2019年第67号）第五条规定，对饮水工程运营管理单位从事《公共基础设施项目企业所得税优惠目录》规定的饮水工程新建项目投资经营的所得，自项目取得第一笔生产经营收入所属纳税年度起，第一年至第三年免征企业所得税，第四年至第六年减半征收企业所得税。

2.2.5 支持企业加快技术改造和设备更新

《财政部 国家税务总局关于完善固定资产加速折旧企业所得税政策的通知》（财税〔2014〕75号）和《财政部 国家税务总局关于进一步完善固定资产加速折旧企业所得税政策的通知》（财税〔2015〕106号）规定，六大行业和四个领域重点行业企业2014年1月1日和2015年1月1日后新购进的固定资产，可缩短折旧年限或采取加速折旧的方法。

《财政部 税务总局关于扩大固定资产加速折旧优惠政策适用范围的公

告》（财政部　税务总局公告2019年第66号）将固定资产加速折旧优惠的行业范围扩大至全部制造业领域。制造业按照国家统计局《国民经济行业分类与代码（GB/4754—2017)》确定。

也就是说，制造业企业新购进的单位价值不超过500万元的除房屋、建筑物以外的固定资产，可以一次性税前扣除；单位价值500万元以上的固定资产，可缩短折旧年限或采取加速折旧的方法。加速折旧方法详见“2.3.10 加速折旧”。

2.2.6　支持集成电路设计企业发展

《财政部　国家税务总局关于进一步鼓励软件产业和集成电路产业发展企业所得税政策的通知》（财税〔2012〕27号）规定，我国境内新办的集成电路设计企业和符合条件的软件企业，在2017年12月31日前自获利年度起，享受“两免三减半”税收优惠。

《财政部　税务总局关于集成电路设计和软件产业企业所得税政策的公告》（财政部　税务总局公告2019年第68号）将该优惠延长到2018年12月31日。

需要注意的是，软件、集成电路企业定期减免税是自获利年度开始，而不是自符合条件年度开始，即使企业获利在先，符合条件在后，在符合条件后，减免税期限应从获利年度开始的剩余年度。

例如，某软件企业2018年度获利，但当年不符合条件，不能享受减免税，其2019年度符合条件，则该企业2019年度免征企业所得税，2020—2022年度减半征收企业所得税。

2.2.7　支持保险企业发展

《财政部　国家税务总局关于企业手续费及佣金支出税前扣除政策的通知》（财税〔2009〕29号）第一条第一款规定：“保险企业：财产保险企业按当年全部保费收入扣除退保金等后余额的15%（含本数，下同）计算限额；人身保险企业按当年全部保费收入扣除退保金等后余额的10%计算限额。”

《财政部　税务总局关于保险企业手续费及佣金支出税前扣除政策的公

告》（财政部　税务总局公告2019年第72号）废止了该条款，规定自2019年1月1日起，“保险企业发生与其经营活动有关的手续费及佣金支出，不超过当年全部保费收入扣除退保金等后余额的18%（含本数）的部分，在计算应纳税所得额时准予扣除；超过部分，允许结转以后年度扣除。”并要求保险企业应建立健全手续费及佣金的相关管理制度，同时加强手续费及佣金结转扣除的台账管理。

其他企业的手续费及佣金支出仍然按照财税〔2009〕29号文件第一条第二款规定的“按与具有合法经营资格中介服务机构或个人（不含交易双方及其雇员、代理人和代表人等）所签订服务协议或合同确认的收入金额的5%计算限额。”

需要注意的是，保险企业超过税前扣除限额的手续费及佣金支出可以结转以后年度扣除，其他企业超过税前扣除限额的手续费及佣金支出不能结转以后年度扣除。

2.2.8　扶持就业

详见“1.7.2　扶持就业”。

2.2.9　支持文化转制企业发展

《财政部　税务总局　中央宣传部关于继续实施文化体制改革中经营性文化事业单位转制为企业若干税收政策的通知》（财税〔2019〕16号）规定，经营性文化事业单位转制为企业，自转制注册之日起五年内免征企业所得税。2018年12月31日之前已完成转制的企业，自2019年1月1日起可继续免征五年企业所得税。

上述所称“经营性文化事业单位”，是指从事新闻出版、广播影视和文化艺术的事业单位。转制包括整体转制和剥离转制。其中，整体转制包括：（图书、音像、电子）出版社、非时政类报刊出版单位、新华书店、艺术院团、电影制片厂、电影（发行放映）公司、影剧院、重点新闻网站等整体转制为企业；剥离转制包括：新闻媒体中的广告、印刷、发行、传输网络等部分，以及影视剧等节目制作与销售机构，从事业体制中剥离出来转制为企业。

上述所称“转制注册之日”，是指经营性文化事业单位转制为企业并进行企业法人登记之日。对于经营性文化事业单位转制前已进行企业法人登记，则按注销事业单位法人登记之日，或核销事业编制的批复之日（转制前未进行事业单位法人登记的）确定转制完成并享受本通知所规定的税收优惠政策。

上述所称“2018 年 12 月 31 日之前已完成转制”，是指经营性文化事业单位在 2018 年 12 月 31 日及以前已转制为企业、进行企业法人登记，并注销事业单位法人登记或批复核销事业编制（转制前未进行事业单位法人登记的）。

享受税收优惠政策的转制文化企业应同时符合以下条件：

（1）根据相关部门的批复进行转制。

（2）转制文化企业已进行企业法人登记。

（3）整体转制前已进行事业单位法人登记的，转制后已核销事业编制、注销事业单位法人；整体转制前未进行事业单位法人登记的，转制后已核销事业编制。

（4）已同在职职工全部签订劳动合同，按企业办法参加社会保险。

（5）转制文化企业引入非公有资本和境外资本的，须符合国家法律法规和政策规定；变更资本结构依法应经批准的，需经行业主管部门和国有文化资产监管部门批准。

2.2.10 支持社区家庭服务业发展

为支持养老、托育、家政等社区家庭服务业发展，《财政部　税务总局　发展改革委　民政部　商务部　卫生健康委关于养老、托育、家政等社区家庭服务业税费优惠政策的公告》（财政部　税务总局　发展改革委　民政部　商务部　卫生健康委公告 2019 年第 76 号）规定，2019 年 6 月 1 日至 2025 年 12 月 31 日，为社区提供养老、托育、家政等服务的机构取得的收入，在计算应纳税所得额时，减按 90% 计入收入总额。

相关条件详见“1.7.8　支持养老、托育、家政等社区家庭服务业发展”。

2.2.11 支持国家铁路建设

《财政部　税务总局关于铁路债券利息收入所得税政策的公告》（财政部

税务总局公告2019年第57号）规定，对企业投资者持有2019—2023年发行的铁路债券取得的利息收入，减半征收企业所得税。

至此，企业投资者持有2011—2023年发行的铁路债券取得的利息收入，都减半征收企业所得税。

2.2.12 房地产开发企业预缴

《国家税务总局关于修改2018年版企业所得税预缴纳税申报表部分表单及填报说明的公告》（国家税务总局公告2019年第23号）对企业所得税预缴申报表作出部分修订，自2019年7月1日启用。其中，“特定业务计算的应纳税所得额”填报口径发生重大变化，对房地产开发企业产生重要影响。

原A200000《中华人民共和国企业所得税月（季）度预缴纳税申报表（A类）》第4行“特定业务计算的应纳税所得额”填报说明为：“从事房地产开发等特定业务的纳税人，填报按照税收规定计算的特定业务的应纳税所得额。房地产开发企业销售未完工开发产品取得的预售收入，按照税收规定的预计计税毛利率计算的预计毛利额填入此行。企业开发产品完工后，其未完工预售环节按照税收规定的预计计税毛利率计算的预计毛利额在汇算清缴时调整，月（季）度预缴纳税申报时不调整。本行填报金额不得小于本年上期申报金额。”

新预缴申报表第4行“特定业务计算的应纳税所得额”填报说明为：“从事房地产开发等特定业务的纳税人，填报按照税收规定计算的特定业务的应纳税所得额。房地产开发企业销售未完工开发产品取得的预售收入，按照税收规定的预计计税毛利率计算出预计毛利额填入此行。”

新预缴申报表“特定业务计算的应纳税所得额”填报说明删除了“企业开发产品完工后，其未完工预售环节按照税收规定的预计计税毛利率计算的预计毛利额在汇算清缴时调整，月（季）度预缴纳税申报时不调整”和“本行填报金额不得小于本年上期申报金额。”这对房地产开发企业影响重大。

按照原填报口径，房地产开发企业未完工产品预售收入结转完工产品收入后，计算的会计利润在预缴申报时要先全额纳税，其已按预计毛利计算预缴的税款只能在年度汇算清缴时抵减，预缴申报时不得作纳税调整。新填报口径意味着房地产开发企业未完工产品预售收入结转完工产品收入后，可以按照实际利润在预缴时对预计毛利额进行纳税调整，这对房地产开发企业是利好，减少了其资金占用。

【例2－6】 房地产开发企业2019年一季度取得A项目预售收入10000万元，期间费用200万元，预缴企业所得税＝（10000×15%－200）×25%＝325（万元）；二季度A项目达到完工条件，结转完工收入10000万元，成本6000万元，同时取得B项目预售收入4000万元，期间费用100万元。

若按照原填报口径，则二季度预缴企业所得税＝（10000－6000＋4000×15%－100）×25%＝1125（万元）；若按照新填报口径，则二季度预缴企业所得税＝（10000－6000－10000×15%＋4000×15%－100）×25%＝750（万元），该企业少预缴税款＝1125－750＝375（万元）。

2.3 2019年之前出台的企业所得税主要优惠政策

2.3.1 研发费用加计扣除

2.3.1.1 税收优惠方式

《企业所得税法》第三十条第一项规定："开发新技术、新产品、新工艺发生的研究开发费用"可以在计算应纳税所得额时加计扣除。

《企业所得税法实施条例》第九十五条规定："企业所得税法第三十条第（一）项所称研究开发费用的加计扣除，是指企业为开发新技术、新产品、新工艺发生的研究开发费用，未形成无形资产计入当期损益的，在按照规定据实扣除的基础上，按照研究开发费用的50%加计扣除；形成无形资产的，按照无形资产成本的150%摊销。"

《财政部　税务总局　科技部关于提高研究开发费用税前加计扣除比例的通知》（财税〔2018〕99号）第一条规定："企业开展研发活动中实际发生的

研发费用，未形成无形资产计入当期损益的，在按规定据实扣除的基础上，在2018年1月1日至2020年12月31日期间，再按照实际发生额的75%在税前加计扣除；形成无形资产的，在上述期间按照无形资产成本的175%在税前摊销。”将研发费用加计扣除比例提高到75%的政策由科技型中小企业扩大至所有企业。

2.3.1.2 会计处理

企业内部研究开发项目的支出，应当区分研究阶段支出与开发阶段支出。企业内部研究和开发无形资产，其在研究阶段的支出全部予以费用化，计入当期损益（管理费用）；开发阶段的支出符合条件的予以资本化，不符合资本化条件的计入当期损益（管理费用）。如果确实无法区分研究阶段的支出和开发阶段的支出，应将其所发生的研发支出全部予以费用化，计入当期损益。

在开发阶段，判断可以将有关支出资本化计入无形资产成本的条件包括：①完成该无形资产以使其能够使用或出售在技术上具有可行性；②具有完成该无形资产并使用或出售的意图；③无形资产产生经济利益的方式，包括能够证明运用该无形资产生产的产品存在市场或无形资产自身存在市场，无形资产将在内部使用的，应当证明其有用性；④有足够的技术、财务资源和其他资源支持，以完成该无形资产的开发，并有能力使用或出售该无形资产；⑤归属于该无形资产开发阶段的支出能够可靠地计量。

【例2-7】 2019年1月1日，甲公司经董事会批准研发某项新产品专利技术，该公司董事会认为，研发该项目具有可靠的技术和财务等资源的支持，并且一旦研发成功将降低该公司生产产品的生产成本。该公司在研究开发过程中发生材料费5000万元、人工工资1000万元，以及其他费用4000万元，总计10000万元，其中，符合资本化条件的支出为6000万元。2019年12月31日，该专利技术已经达到预定用途。会计处理如下：

（1）发生研发支出：

借：研发支出——费用化支出	40000000
——资本化支出	60000000

贷：原材料　　　　　　　　　　　　　　50000000

　　应付职工薪酬　　　　　　　　　　　10000000

　　银行存款　　　　　　　　　　　　　40000000

（2）2019 年 12 月 31 日，该专利技术已经达到预定用途：

借：管理费用　　　　　　　　　　　　40000000

　　无形资产　　　　　　　　　　　　60000000

　贷：研发支出——费用化支出　　　　　　40000000

　　　　　　　——资本化支出　　　　　　60000000

税务处理：费用化支出 4000 万元可以加计 75% 税前扣除，即会计上扣除费用 4000 万元，税收上扣除费用 =4000 × 175% =7000（万元）。

企业在会计上确认的无形资产账面价值为 6000 万元，税收上可以加计 75% 摊销，即该无形资产的计税基础 =6000 × 175% =10500（万元）；假设按 10 年摊销，企业每年在会计上计提摊销额 600 万元，税收上可扣除的摊销额为 1050 万元。

研发费用加计扣除依据的主要政策为《财政部　国家税务总局　科技部关于完善研究开发费用税前加计扣除政策的通知》（财税〔2015〕119 号，以下简称《通知》）、《国家税务总局关于企业研究开发费用税前加计扣除政策有关问题的公告》（国家税务总局公告 2015 年第 97 号）和《国家税务总局关于研发费用税前加计扣除归集范围有关问题的公告》（国家税务总局公告 2017 年第 40 号）。2018 年，国家税务总局所得税司发布《研发费用加计扣除政策执行指引（1.0 版）》。

2.3.1.3　可加计扣除的研发费用范围

1. 研发费用归集

研发活动，是指企业为获得科学与技术新知识，创造性运用科学技术新知识，或实质性改进技术、产品（服务）、工艺而持续进行的具有明确目标的系统性活动。研发费用的具体范围包括：

（1）人员人工费用。指直接从事研发活动人员的工资薪金、基本养老保险费、基本医疗保险费、失业保险费、工伤保险费、生育保险费和住房公积金，以及外聘研发人员的劳务费用。

直接从事研发活动人员包括研究人员、技术人员、辅助人员。研究人员是指主要从事研究开发项目的专业人员；技术人员是指具有工程技术、自然科学和生命科学中一个或一个以上领域的技术知识和经验，在研究人员指导下参与研发工作的人员；辅助人员是指参与研究开发活动的技工。外聘研发人员是指与本企业或劳务派遣企业签订劳务用工协议（合同）和临时聘用的研究人员、技术人员、辅助人员。

接受劳务派遣的企业按照协议（合同）约定支付给劳务派遣企业，且由劳务派遣企业实际支付给外聘研发人员的工资薪金等费用，属于外聘研发人员的劳务费用。

工资薪金包括按规定可以在税前扣除的对研发人员股权激励的支出。

（2）直接投入费用。指研发活动直接消耗的材料、燃料和动力费用；用于中间试验和产品试制的模具、工艺装备开发及制造费，不构成固定资产的样品、样机及一般测试手段购置费，试制产品的检验费；用于研发活动的仪器、设备的运行维护、调整、检验、维修等费用，以及通过经营租赁方式租入的用于研发活动的仪器、设备租赁费。

（3）折旧费用。指用于研发活动的仪器、设备的折旧费。

企业用于研发活动的仪器、设备，符合税法规定且选择加速折旧优惠政策的，在享受研发费用税前加计扣除政策时，就税前扣除的折旧部分计算加计扣除。

（4）无形资产摊销费用。指用于研发活动的软件、专利权、非专利技术（包括许可证、专有技术、设计和计算方法等）的摊销费用。

用于研发活动的无形资产，符合税法规定且选择缩短摊销年限的，在享受研发费用税前加计扣除政策时，就税前扣除的摊销部分计算加计扣除。

（5）新产品设计费、新工艺规程制定费、新药研制的临床试验费、勘探开发技术的现场试验费。指企业在新产品设计、新工艺规程制定、新药研制的临床试验、勘探开发技术的现场试验过程中发生的与开展该项活动有关的各类费用。

（6）其他相关费用。指与研发活动直接相关的其他费用，如技术图书资料费、资料翻译费、专家咨询费、高新科技研发保险费，研发成果的检索、分析、评议、论证、鉴定、评审、评估、验收费用，知识产权的申请费、注册费、代理费，差旅费、会议费，职工福利费、补充养老保险费、补充医疗保险费。此类费用总额不得超过可加计扣除研发费用总额的10%。

企业在一个纳税年度内进行多项研发活动的，应按照不同研发项目分别归集可加计扣除的研发费用。在计算每个项目其他相关费用的限额时应当按照以下公式计算：

其他相关费用限额 =《通知》第一条第一项允许加计扣除的研发费用中的第（1）项至第（5）项的费用之和 ×10% ÷（1 −10%）

当其他相关费用实际发生数小于限额时，按实际发生数计算税前加计扣除数额；当其他相关费用实际发生数大于限额时，按限额计算税前加计扣除数额。

假设某一研发项目的其他相关费用的限额为X，上述允许加计扣除的研发费用中的第（1）项至第（5）项费用之和为Y，那么X =（X + Y）×10%，即X = Y ×10% ÷（1 −10%）。

【例2 −8】 某企业2019年进行了两项研发活动A和B，A项目共发生研发费用100万元，其中与研发活动直接相关的其他费用12万元，B项目共发生研发费用100万元，其中与研发活动直接相关的其他费用8万元，假设研发活动均符合加计扣除相关规定。A项目其他相关费用限额 =（100 −12）×10% ÷（1 −10%）=9.78（万元），小于实际发生数12万元，则A项目允许加计扣除的研发费用应为97.78万元（100 −12 +9.78 =97.78）。B项目其他相关费用限额 =（100 −8）×10% ÷（1 −10%）=10.22（万元），大于实际发生数8万元，则B项目允许加计扣除的研发费用应为100万元。

该企业2019年可以享受的研发费用加计扣除额为148.34万元［（97.78 +100）×75% =148.34］。

2. 特殊费用和收入的处理

（1）对外销售产品所对应的直接材料费用。企业研发活动直接形成产品或作为组成部分形成的产品对外销售的，研发费用中对应的材料费用不得加计扣除。

产品销售与对应的材料费用发生在不同纳税年度且材料费用已计入研发费用的，可在销售当年以对应的材料费用发生额直接冲减当年的研发费用，不足冲减的，结转以后年度继续冲减。

如何理解企业研发活动直接形成产品或作为组成部分形成的产品对外销售的研发费用中对应的材料费用不得加计扣除？研发费用加计扣除政策的本意是鼓励企业开展研究开发活动，享受加计扣除的研发费用应当是研发活动形成的成本，而直接形成产品或产品组成部分的材料，在新产品中其性质和使用价值没有发生改变，所以，这部分成本不能构成研究开发活动的内容。

一项研发最终形成成品必然要有材料的投入，如果投入的材料经过研发活动的实质性加工后，产生的新产品或新产品的任何组成部分，都与所耗用材料的物理性质和使用价值有显著不同，则投入的材料就不属于不得加计扣除的情形，比如居里夫人从数吨沥青残渣中提取出 0. 1 克纯镭，沥青残渣已经发生了化学变化；如果投入的材料未经实质性加工，直接成为新产品的组成部分，则投入的材料就属于不得加计扣除的情形，比如企业修建铁路桥，其消耗的钢材作为组成部分形成的产品对外销售的，其钢材材料费不能加计扣除。

（2）下脚料、残次品、中间试制品收入。企业取得研发过程中形成的下脚料、残次品、中间试制品等特殊收入，在计算确认收入当年的加计扣除研发费用时，应从已归集研发费用中扣减该特殊收入，不足扣减的，加计扣除研发费用按零计算。

（3）政府补助。企业取得的政府补助，会计处理时采用直接冲减研发费用方法且税务处理时未将其确认为应税收入的，应按冲减后的余额计算加计扣除金额。

新修订的《企业会计准则第 16 号——政府补助》新增了净额法，将政府补助作为相关成本费用扣减。按照税法的规定，企业取得的政府补助应确认为收入，计入收入总额。

净额法产生了税会差异。企业在税收上将政府补助确认为应税收入，同时增加研发费用，加计扣除应以税前扣除的研发费用为基数。但企业未进行相应调整的，税前扣除的研发费用与会计的扣除金额相同，应以会计上冲减后的余额计算加计扣除金额。比如，某企业当年发生研发支出 200 万元，取得政府补助 50 万元，当年会计上的研发费用为 150 万元，未进行相应的纳税调整，则税前加计扣除金额 = 150 × 75% = 112.5（万元）。

3. 下列活动不适用税前加计扣除政策

（1）企业产品（服务）的常规性升级。

（2）对某项科研成果的直接应用，如直接采用公开的新工艺、材料、装置、产品、服务或知识等。

（3）企业在商品化后为顾客提供的技术支持活动。

（4）对现存产品、服务、技术、材料或工艺流程进行的重复或简单改变。

（5）市场调查研究、效率调查或管理研究。

（6）作为工业（服务）流程环节或常规的质量控制、测试分析、维修维护。

（7）社会科学、艺术或人文学方面的研究。

4. 下列行业不适用税前加计扣除政策

（1）烟草制造业。

（2）住宿和餐饮业。

（3）批发和零售业。

（4）房地产业。

（5）租赁和商务服务业。

（6）娱乐业。

（7）财政部和国家税务总局规定的其他行业。

上述行业以《国民经济行业分类与代码（GB/4754—2017）》为准，并随之更新。

不适用税前加计扣除政策行业的企业，是指以所列行业业务为主营业务，其研发费用发生当年的主营业务收入占企业按《企业所得税法》第六条规定计算的收入总额减不征税收入和投资收益的余额50%（不含）以上的企业。

5. 不能加计扣除的项目

企业取得作为不征税收入处理的财政性资金用于研发活动所形成的费用或无形资产，不得计算加计扣除或摊销。

法律、行政法规和国务院财税主管部门规定不允许企业所得税税前扣除的费用和支出项目不得计算加计扣除。

2.3.1.4　三种研发费用归集口径的区分

研发费用加计扣除适用的规范性文件是《财政部　国家税务总局　科技部关于完善研究开发费用税前加计扣除政策的通知》（财税〔2015〕119号）、《国家税务总局关于研发费用税前加计扣除归集范围有关问题的公告》（国家税务总局公告2017年第40号），研发费用会计处理适用的规范性文件是《财政部关于企业加强研发费用财务管理的若干意见》（财企〔2007〕194号），高新技术企业认定适用的规范性文件是《高新技术企业认定管理工作指引》（国科发火〔2016〕195号印发），三者归集范围不同（见表2－3），注意区分。

表2－3　研发费用归集口径比较

费用项目	研发费用加计扣除	高新技术企业认定	会计规定	备注
人员人工费用	直接从事研发活动人员的工资薪金、基本养老保险费、基本医疗保险费、失业保险费、工伤保险费、生育保险费和住房公积金，以及外聘研发人员的劳务费用	企业科技人员的工资薪金、基本养老保险费、基本医疗保险费、失业保险费、工伤保险费、生育保险费和住房公积金，以及外聘科技人员的劳务费用	企业在职研发人员的工资、奖金、津贴、补贴、社会保险费、住房公积金等人工费用以及外聘研发人员的劳务费用	会计核算范围大于税收范围。高新技术企业人员人工费用归集对象是科技人员

续表

费用项目	研发费用加计扣除	高新技术企业认定	会计规定	备注
直接投入费用	(1) 研发活动直接消耗的材料、燃料和动力费用	(1) 直接消耗的材料、燃料和动力费用	(1) 研发活动直接消耗的材料、燃料和动力费用	
	(2) 用于中间试验和产品试制的模具、工艺装备开发及制造费，不构成固定资产的样品、样机及一般测试手段购置费，试制产品的检验费	(2) 用于中间试验和产品试制的模具、工艺装备开发及制造费，不构成固定资产的样品、样机及一般测试手段购置费，试制产品的检验费	(2) 用于中间试验和产品试制的模具、工艺装备开发及制造费，样品、样机及一般测试手段购置费，试制产品的检验费等	
	(3) 用于研发活动的仪器、设备的运行维护、调整、检验、维修等费用，以及通过经营租赁方式租入的用于研发活动的仪器、设备租赁费	(3) 用于研究开发活动的仪器、设备的运行维护、调整、检验、检测、维修等费用，以及通过经营租赁方式租入的用于研发活动的固定资产租赁费	(3) 用于研发活动的仪器、设备、房屋等固定资产的租赁费，设备调整及检验费，以及相关固定资产的运行维护、维修等费用	房屋租赁费不计入加计扣除范围
折旧费用与长期待摊费用	用于研发活动的仪器、设备的折旧费	用于研究开发活动的仪器、设备和在用建筑物的折旧费； 研发设施的改建、改装、装修和修理过程中发生的长期待摊费用	用于研发活动的仪器、设备、房屋等固定资产的折旧费	房屋折旧费不计入加计扣除范围
无形资产摊销	用于研发活动的软件、专利权、非专利技术（包括许可证、专有技术、设计和计算方法等）的摊销费用	用于研究开发活动的软件、知识产权、非专利技术（专有技术、许可证、设计和计算方法等）的摊销费用	用于研发活动的软件、专利权、非专利技术等无形资产的摊销费用	
设计试验等费用	新产品设计费、新工艺规程制定费、新药研制的临床试验费、勘探开发技术的现场试验费	符合条件的设计费用、装备调试费用、试验费用（包括新药研制的临床试验费、勘探开发技术的现场试验费、田间试验费等）		

续表

费用项目	研发费用加计扣除	高新技术企业认定	会计规定	备注
其他相关费用	与研发活动直接相关的其他费用，如技术图书资料费、资料翻译费、专家咨询费、高新科技研发保险费，研发成果的检索、分析、评议、论证、鉴定、评审、评估、验收费用，知识产权的申请费、注册费、代理费，差旅费、会议费，职工福利费、补充养老保险费、补充医疗保险费。此项费用总额不得超过可加计扣除研发费用总额的10%	与研究开发活动直接相关的其他费用，包括技术图书资料费、资料翻译费、专家咨询费、高新科技研发保险费，研发成果的检索、论证、评审、鉴定、验收费用，知识产权的申请费、注册费、代理费，会议费、差旅费、通讯费等。此项费用一般不得超过研究开发总费用的20%，另有规定的除外	与研发活动直接相关的其他费用，包括技术图书资料费、资料翻译费、会议费、差旅费、办公费、外事费、研发人员培训费、培养费、专家咨询费、高新科技研发保险费用等。研发成果的论证、评审、验收、评估以及知识产权的申请费、注册费、代理费等费用	加计扣除政策及高新研发费用范围中对其他相关费用总额有比例限制

2.3.1.5　委托研发

1. 一般规定

企业委托外部机构或个人进行研发活动所发生的费用，按照费用实际发生额的80%计入委托方研发费用并计算加计扣除，受托方不得再进行加计扣除。委托外部研究开发费用实际发生额应按照独立交易原则确定。委托个人研发的，应凭个人出具的发票等合法有效凭证在税前加计扣除。

委托方与受托方存在关联关系的，受托方应向委托方提供研发项目费用支出明细情况。

2. 委托境外研发

委托境外研发费用加计扣除的政策依据为《财政部　税务总局关于企业委托境外研究开发费用税前加计扣除有关政策问题的通知》（财税〔2018〕64号）。

自2018年1月1日起，委托境外进行研发活动所发生的费用，按照费用实际发生额的80%计入委托方的委托境外研发费用。委托境外研发费用不超过境内符合条件的研发费用2/3的部分，可以按规定在企业所得税前加计扣除。上述费用实际发生额应按照独立交易原则确定。委托方与受托方存在关联关系的，受托方应向委托方提供研发项目费用支出明细情况。

与委托境内研发不同的是，委托境外研发按照实际发生额的80%与境内符合条件的研发费用的2/3的孰小值作为可加计扣除的委托境外研发费用。

【例2-9】 某企业2019年发生委托境外研发费用100万元，当年境内符合条件的研发费用为110万元。按照政策规定，委托境外发生研发费用100万元的80%，即80万元计入委托境外研发费用。当年境内符合条件的研发费用110万元的2/3的部分为73.33万元。委托境外研发费用不超过境内符合条件的研发费用2/3的部分即为73.33万元。该企业委托境外研发费用加计扣除额=73.33×75%=55（万元）。

委托境外进行研发活动应签订技术开发合同，并由委托方到科技行政主管部门进行登记。相关事项按技术合同认定登记管理办法及技术合同认定规则执行。

按照委托境内研发费用加计扣除政策的管理要求，委托合同需经科技行政主管部门登记。对于委托境外研发的，财税〔2018〕64号文件也要求签订技术开发合同并到科技行政主管部门登记。所不同的是，委托境内研发由受托方登记，但考虑到委托境外的受托方在国外，要求受托方登记不具有操作性，因此财税〔2018〕64号文件对此进行了调整，由委托方登记即可。需要注意的是，委托境外个人进行的研发活动不能加计扣除。

2.3.1.6 其他规定

1. 合作研发

企业共同合作开发的项目，由合作各方就自身实际承担的研发费用分别计算加计扣除。

2. 企业集团

企业集团根据生产经营和科技开发的实际情况，对技术要求高、投资数额大，需要集中研发的项目，其实际发生的研发费用，可以按照权利和义务相一致、费用支出和收益分享相配比的原则，合理确定研发费用的分摊方法，在受益成员企业间进行分摊，由相关成员企业分别计算加计扣除。

2.3.1.7　管理要求

（1）企业应按照国家财务会计制度要求，对研发支出进行会计处理；同时，对享受加计扣除的研发费用按研发项目设置辅助账，准确归集核算当年可加计扣除的各项研发费用实际发生额。企业在一个纳税年度内进行多项研发活动的，应按照不同研发项目分别归集可加计扣除的研发费用。

年末汇总分析填报研发支出辅助账汇总表，并在报送《年度财务会计报告》的同时随附注一并报送主管税务机关。

（2）企业应对研发费用和生产经营费用分别核算，准确、合理归集各项费用支出，对划分不清的，不得实行加计扣除。

企业从事研发活动的人员和用于研发活动的仪器、设备、无形资产，同时从事或用于非研发活动的，应对其人员活动及仪器设备、无形资产使用情况做必要记录，并将其实际发生的相关费用按实际工时占比等合理方法在研发费用和生产经营费用间分配，未分配的不得加计扣除。

（3）企业研发费用各项目的实际发生额归集不准确、汇总额计算不准确的，税务机关有权对其税前扣除额或加计扣除额进行合理调整。

（4）税务机关对企业享受加计扣除优惠的研发项目有异议的，可以转请地市级（含）以上科技行政主管部门出具鉴定意见，科技部门应及时回复意见。企业承担省部级（含）以上科研项目的，以及以前年度已鉴定的跨年度研发项目，不再需要鉴定。

（5）税务部门应加强研发费用加计扣除优惠政策的后续管理，定期开展核查，年度核查面不得低于20%。

2.3.2　高新技术企业

2.3.2.1　税收优惠方式

《企业所得税法》第二十八条第二款规定：“国家需要重点扶持的高新技术企业，减按15%的税率征收企业所得税。”

2.3.2.2　高新技术企业认定标准

《科技部　财政部　国家税务总局关于修订印发〈高新技术企业认定管理办法〉的通知》（国科发火〔2016〕32号，以下简称《高新技术企业认定管理办法》）规定了高新技术企业须同时满足的条件；《科技部　财政部　国家税务总局关于修订印发〈高新技术企业认定管理工作指引〉的通知》（国科发火〔2016〕195 号，以下简称《工作指引》）规定了相关指标标准。具体如下：

1. 企业申请认定时须注册成立一年以上。“注册成立一年以上”是指企业须注册成立 365 个日历天数以上；“当年”“最近一年”和“近一年”都是指企业申报前 1 个会计年度；“近三个会计年度”是指企业申报前的连续 3 个会计年度（不含申报年）；“申请认定前一年内”是指申请前的 365 天之内（含申报年）。

2. 企业通过自主研发、受让、受赠、并购等方式，获得对其主要产品（服务）在技术上发挥核心支持作用的知识产权的所有权。

（1）高新技术企业认定所指的知识产权须在中国境内授权或审批审定，并在中国法律的有效保护期内。知识产权权属人应为申请企业。

（2）不具备知识产权的企业不能认定为高新技术企业。

（3）高新技术企业认定中，对企业知识产权情况采用分类评价方式，其中，发明专利（含国防专利）、植物新品种、国家级农作物品种、国家新药、国家一级中药保护品种、集成电路布图设计专有权等按Ⅰ类评价；实用新型专利、外观设计专利、软件著作权等（不含商标）按Ⅱ类评价。

（4）按Ⅱ类评价的知识产权在申请高新技术企业时，仅限使用一次。

（5）在申请高新技术企业及高新技术企业资格存续期内，知识产权有多个权属人时，只能由一个权属人在申请时使用。

（6）申请认定时专利的有效性以企业申请认定前获得授权证书或授权通知书并能提供缴费收据为准。

（7）发明、实用新型、外观设计、集成电路布图设计专有权可在国家知识产权局网站（http：//www. sipo. gov. cn）查询专利标记和专利号；国防专利须提供国家知识产权局授予的国防专利证书；植物新品种可在农业部植物新品种保护办公室网站（http：//www. cnpvp. cn）和国家林业局植物新品种保护办公室网站（http：//www. cnpvp. net）查询。

国家级农作物品种是指农业部国家农作物品种审定委员会审定公告的农

作物品种；国家新药须提供国家食品药品监督管理局签发的新药证书；国家一级中药保护品种须提供国家食品药品监督管理局签发的中药保护品种证书；软件著作权可在国家版权局中国版权保护中心网站（http：//www. ccopyright. com. cn）查询软件著作权标记（亦称版权标记）。

3. 对企业主要产品（服务）发挥核心支持作用的技术属于《国家重点支持的高新技术领域》规定的范围。

高新技术产品（服务），是指对其发挥核心支持作用的技术属于《国家重点支持的高新技术领域》规定范围的产品（服务）。主要产品（服务），是指高新技术产品（服务）中，拥有在技术上发挥核心支持作用的知识产权的所有权，且收入之和在企业同期高新技术产品（服务）收入中超过50%的产品（服务）。

4. 企业从事研发和相关技术创新活动的科技人员占企业当年职工总数的比例不低于10%。

企业科技人员占比是企业科技人员数与职工总数的比值。

（1）科技人员。企业科技人员，是指直接从事研发和相关技术创新活动，以及专门从事上述活动的管理和提供直接技术服务的，累计实际工作时间在183天以上的人员，包括在职、兼职和临时聘用人员。

（2）职工总数。企业职工总数包括企业在职、兼职和临时聘用人员。在职人员可以通过企业是否签订了劳动合同或缴纳社会保险费来鉴别；兼职、临时聘用人员全年须在企业累计工作183天以上。

（3）统计方法。企业当年职工总数、科技人员数均按照全年月平均数计算。

月平均数＝（月初数＋月末数）÷2

全年月平均数＝全年各月平均数之和÷12

年度中间开业或者终止经营活动的，以其实际经营期作为一个纳税年度确定上述相关指标。

5. 企业近三个会计年度（实际经营期不满3年的按实际经营时间计算，下同）的研究开发费用总额占同期销售收入总额的比例符合如下要求：

一是最近一年销售收入小于5000万元（含）的企业，比例不低于5%；

二是最近一年销售收入在5000万元至2亿元（含）的企业，比例不低于4%；

三是最近一年销售收入在2亿元以上的企业，比例不低于3%。

其中，企业在中国境内发生的研究开发费用总额占全部研究开发费用总额的比例不低于60%。

（1）企业研究开发活动确定。

研究开发活动，是指为获得科学与技术（不包括社会科学、艺术或人文学）新知识，创造性运用科学技术新知识，或实质性改进技术、产品（服务）、工艺而持续进行的具有明确目标的活动。不包括企业对产品（服务）的常规性升级或对某项科研成果直接应用等活动（如直接采用新的材料、装置、产品、服务、工艺或知识等）。

（2）研究开发费用的归集范围。

①人员人工费用。

人员人工费用包括企业科技人员的工资薪金、基本养老保险费、基本医疗保险费、失业保险费、工伤保险费、生育保险费和住房公积金，以及外聘科技人员的劳务费用。

②直接投入费用。

直接投入费用是指企业为实施研究开发活动而实际发生的相关支出。包括：

——直接消耗的材料、燃料和动力费用；

——用于中间试验和产品试制的模具、工艺装备开发及制造费，不构成固定资产的样品、样机及一般测试手段购置费，试制产品的检验费；

——用于研究开发活动的仪器、设备的运行维护、调整、检验、检测、维修等费用，以及通过经营租赁方式租入的用于研发活动的固定资产租赁费。

③折旧费用与长期待摊费用。

折旧费用，是指用于研究开发活动的仪器、设备和在用建筑物的折旧费。

长期待摊费用，是指研发设施的改建、改装、装修和修理过程中发生的长期待摊费用。

④无形资产摊销费用。

无形资产摊销费用，是指用于研究开发活动的软件、知识产权、非专利技术（专有技术、许可证、设计和计算方法等）的摊销费用。

⑤设计费用。

设计费用，是指为新产品和新工艺进行构思、开发和制造，进行工序、技术规范、规程制定、操作特性方面的设计等发生的费用，包括为获得创新性、创意性、突破性产品进行的创意设计活动发生的相关费用。

⑥装备调试费用与试验费用。

装备调试费用，是指工装准备过程中研究开发活动所发生的费用，包括研制特殊、专用的生产机器，改变生产和质量控制程序，或制定新方法及标准等活动所发生的费用。为大规模批量化和商业化生产所进行的常规性工装准备和工业工程发生的费用不能计入归集范围。

试验费用包括新药研制的临床试验费、勘探开发技术的现场试验费、田间试验费等。

⑦委托外部研究开发费用。

委托外部研究开发费用，是指企业委托境内外其他机构或个人进行研究开发活动所发生的费用（研究开发活动成果为委托方企业拥有，且与该企业的主要经营业务紧密相关）。

委托外部研究开发费用的实际发生额应按照独立交易原则确定，按照实际发生额的80%计入委托方研发费用总额。

⑧其他费用。

其他费用，是指上述费用之外与研究开发活动直接相关的其他费用，包括技术图书资料费、资料翻译费、专家咨询费、高新科技研发保险费，研发成果的检索、论证、评审、鉴定、验收费用，知识产权的申请费、注册费、代理费，会议费、差旅费、通讯费等。此项费用一般不得超过研究开发总费用的20%，另有规定的除外。

（3）企业在中国境内发生的研究开发费用。

企业在中国境内发生的研究开发费用，是指企业内部研究开发活动实际支出的全部费用与委托境内其他机构或个人进行的研究开发活动所支出的费用之和，不包括委托境外机构或个人完成的研究开发活动所发生的费用。受托研发的境外机构是指依照外国和地区（含港澳台）法律成立的企业和其他取得收入的组织；受托研发的境外个人是指外籍（含港澳台）个人。

（4）企业研究开发费用归集办法。

企业应正确归集研发费用，由具有资质并符合《工作指引》相关条件的中介机构进行专项审计或鉴证。

企业的研究开发费用是以单个研发活动为基本单位分别进行测度并加总计算的。企业应对包括直接研究开发活动和可以计入的间接研究开发活动所发生的费用进行归集，并填写《高新技术企业认定申请书》中的“企业年度研究开发费用结构明细表”。

企业应按照“企业年度研究开发费用结构明细表”设置高新技术企业认定专用研究开发费用辅助核算账目，提供相关凭证及明细表，并按《工作指引》要求进行核算。

（5）销售收入。

销售收入为主营业务收入与其他业务收入之和。

主营业务收入与其他业务收入按照企业所得税年度纳税申报表的口径计算。

6. 近一年高新技术产品（服务）收入占企业同期总收入的比例不低于60%。高新技术产品（服务）收入占比是指高新技术产品（服务）收入与同期总收入的比值。

（1）高新技术产品（服务）收入。高新技术产品（服务）收入，是指企业通过研发和相关技术创新活动，取得的产品（服务）收入与技术性收入的总和。对企业取得上述收入发挥核心支持作用的技术应属于《技术领域》规定的范围。其中，技术性收入包括：

①技术转让收入，是指企业技术创新成果通过技术贸易、技术转让所获得的收入；

②技术服务收入，是指企业利用自己的人力、物力和数据系统等为社会和本企业外的用户提供技术资料、技术咨询与市场评估、工程技术项目设计、数据处理、测试分析及其他类型的服务所获得的收入；

③接受委托研究开发收入，是指企业承担社会各方面委托研究开发、中间试验及新产品开发所获得的收入。

企业应正确计算高新技术产品（服务）收入，由具有资质并符合本《工作指引》相关条件的中介机构进行专项审计或鉴证。

（2）总收入。总收入，是指收入总额减去不征税收入。

收入总额与不征税收入按照《企业所得税法》及其实施条例的规定计算。

7. 企业创新能力评价应达到相应要求。企业创新能力主要从知识产权、科技成果转化能力、研究开发组织管理水平、企业成长性四项指标进行评价。各级指标均按整数打分，满分为100分，综合得分达到70分以上（不含70分）为符合认定要求。

8. 企业申请认定前一年内未发生重大安全、重大质量事故或严重环境违法行为。

2.3.2.3 高新技术企业申请

企业对照《高新技术企业认定管理办法》进行自我评价。认为符合认定条件的在“高新技术企业认定管理工作网”注册登记，向认定机构提出认定申请。申请时提交下列材料：

（1）高新技术企业认定申请书；

（2）证明企业依法成立的相关注册登记证件；

（3）知识产权相关材料、科研项目立项证明、科技成果转化、研究开发的组织管理等相关材料；

（4）企业高新技术产品（服务）的关键技术和技术指标、生产批文、认证认可和相关资质证书、产品质量检验报告等相关材料；

（5）企业职工和科技人员情况说明材料；

（6）经具有资质的中介机构出具的企业近三个会计年度研究开发费用和近一个会计年度高新技术产品（服务）收入专项审计或鉴证报告，并附研究开发活动说明材料；

（7）经具有资质的中介机构鉴证的企业近三个会计年度的财务会计报告（包括会计报表、会计报表附注和财务情况说明书）；

（8）近三个会计年度企业所得税年度纳税申报表。

认定企业由领导小组办公室在“高新技术企业认定管理工作网”公示10个工作日，无异议的，予以备案，并在“高新技术企业认定管理工作网”公告，由认定机构向企业颁发统一印制的《高新技术企业证书》；有异议的，由认定机构进行核实处理。

2.3.2.4　高新技术企业后续管理

1. 每年填报情况

《高新技术企业认定管理办法》第十三条规定："企业获得高新技术企业资格后，应每年5月底前在'高新技术企业认定管理工作网'填报上一年度知识产权、科技人员、研发费用、经营收入等年度发展情况报表。"企业自己填报相关情况，有关部门实行随机抽查和重点检查。

2. 企业发生变化要报告

《高新技术企业认定管理办法》第十三条规定："高新技术企业发生更名或与认定条件有关的重大变化（如分立、合并、重组以及经营业务发生变化等）应在三个月内向认定机构报告。经认定机构审核符合认定条件的，其高新技术企业资格不变，对于企业更名的，重新核发认定证书，编号与有效期不变；不符合认定条件的，自更名或条件变化年度起取消其高新技术企业资格。"因此，高新技术企业条件发生变化的，应在规定时间内向认定机构报告。

《高新技术企业认定管理办法》第十九条第一款规定："已认定的高新技术企业有下列行为之一的，由认定机构取消其高新技术企业资格：

"（1）在申请认定过程中存在严重弄虚作假行为的；

"（2）发生重大安全、重大质量事故或有严重环境违法行为的；

"（3）未按期报告与认定条件有关重大变化情况，或累计两年未填报年度发展情况报表的。"

企业发生以上三种行为的，会被取消高新技术企业资格，并被追缴税款。

《高新技术企业认定管理办法》第十六条规定："对已认定的高新技术企业，有关部门在日常管理过程中发现其不符合认定条件的，应提请认定机构复核。复核后确认不符合认定条件的，由认定机构取消其高新技术企业资格，并通知税务机关追缴其不符合认定条件年度起已享受的税收优惠。"若税务机关在日常管理中发现高新技术企业不符合相关条件，应提请认定机构复核，由认定机构取消其高新技术企业资格，并通知税务机关追缴。

关于追缴税款的起点，《高新技术企业认定管理办法》第十九条第二款规定："对被取消高新技术企业资格的企业，由认定机构通知税务机关按《税收征管法》及有关规定，追缴其自发生上述行为之日所属年度起已享受的高新技术企业税收优惠。”

《国家税务总局关于实施高新技术企业所得税优惠政策有关问题的公告》（国家税务总局公告 2017 年第 24 号）第二条规定：“对取得高新技术企业资格且享受税收优惠的高新技术企业，税务部门如在日常管理过程中发现其在高新技术企业认定过程中或享受优惠期间不符合《认定办法》第十一条规定的认定条件的，应提请认定机构复核。复核后确认不符合认定条件的，由认定机构取消其高新技术企业资格，并通知税务机关追缴其证书有效期内自不符合认定条件年度起已享受的税收优惠。”

国家税务总局公告 2017 年第 24 号第二条解决了高新技术企业在享受优惠期间是否需要符合认定条件的争议。《高新技术企业认定管理办法》第十六条中所称“认定条件”，既包括高新技术企业认定时的条件，也包括享受税收优惠期间的条件。因此，税务机关后续管理的范围为高新技术企业认定过程中和享受优惠期间。

《国家税务总局关于实施高新技术企业所得税优惠有关问题的通知》（国税函〔2009〕203 号）第六条规定：“未取得高新技术企业资格、或虽取得高新技术企业资格但不符合企业所得税法及实施条例以及本通知有关规定条件的企业，不得享受高新技术企业的优惠；已享受优惠的，应追缴其已减免的企业所得税税款。”

按照国税函〔2009〕203 号文件的规定，税务机关发现高新技术企业不符合优惠条件的，可以追缴高新技术企业已减免的企业所得税税款，但不取消其高新技术企业资格。国家税务总局公告 2017 年第 24 号第二条对后续管理程序进行了调整，即税务机关如发现高新技术企业不符合认定条件，应提请认定机构复核。复核后确认不符合认定条件的，由认定机构取消其高新技术企业资格后，通知税务机关追缴税款，追缴期限为“证书有效期内自不符合认定条件年度起”。

2.3.3 集成电路生产企业

为进一步支持集成电路产业发展，《财政部　税务总局　国家发展改革委工业和信息化部关于集成电路生产企业有关企业所得税政策问题的通知》（财税〔2018〕27号）规定，2018年1月1日后投资新设的集成电路线宽小于130纳米，且经营期在10年以上的集成电路生产企业或项目，享受“两免三减半”税收优惠；2018年1月1日后投资新设的集成电路线宽小于65纳米或投资额超过150亿元，且经营期在15年以上的集成电路生产企业或项目，享受“五免五减半”税收优惠。

需要注意的是，对于按照集成电路生产企业享受上述税收优惠政策的，优惠期自企业获利年度起计算；对于按照集成电路生产项目享受上述优惠的，优惠期自项目取得第一笔生产经营收入所属纳税年度起计算。

政策还规定了2017年12月31日前设立但未获利的集成电路线宽小于0.25微米或投资额超过80亿元，且经营期在15年以上的集成电路生产企业；自获利年度起，享受“五免五减半”税收优惠；2017年12月31日前设立但未获利的集成电路线宽小于0.8微米（含）的集成电路生产企业，自获利年度起，享受“两免三减半”税收优惠。

2.3.4 服务贸易类技术先进型服务企业

2018年之前，试点地区的技术先进型服务企业（服务贸易类），减按15%税率征收企业所得税。

为进一步推动服务贸易创新发展、优化外贸结构，《财政部 税务总局 商务部 科技部 国家发展改革委关于将服务贸易创新发展试点地区技术先进型服务企业所得税政策推广至全国实施的通知》（财税〔2018〕44号）规定，将该优惠政策自2018年1月1日起推广至全国。

2.3.5 创投企业

2.3.5.1 投资于未上市的中小高新技术企业的创业投资企业

1. 优惠方式

《企业所得税法》第三十一条规定：“创业投资企业从事国家需要重点扶持和鼓励的创业投资，可以按投资额的一定比例抵扣应纳税所得额。”

《企业所得税法实施条例》第九十七条规定：“企业所得税法第三十一条

所称抵扣应纳税所得额，是指创业投资企业采取股权投资方式投资于未上市的中小高新技术企业 2 年以上的，可以按照其投资额的 70% 在股权持有满 2 年的当年抵扣该创业投资企业的应纳税所得额；当年不足抵扣的，可以在以后纳税年度结转抵扣。”

《国家税务总局关于实施创业投资企业所得税优惠问题的通知》（国税发〔2009〕87 号）第一条规定：“创业投资企业是指依照《创业投资企业管理暂行办法》（国家发展和改革委员会等 10 部委令 2005 年第 39 号，以下简称《暂行办法》）和《外商投资创业投资企业管理规定》（商务部等 5 部委令 2003 年第 2 号）在中华人民共和国境内设立的专门从事创业投资活动的企业或其他经济组织。”

2. 优惠条件

创业投资企业税收优惠应按照《国家税务总局关于实施创业投资企业所得税优惠问题的通知》（国税发〔2009〕87 号）规定执行。

（1）经营范围符合要求。经营范围符合《暂行办法》规定，且工商登记为“创业投资有限责任公司”“创业投资股份有限公司”等专业性法人创业投资企业。

（2）完成备案。按照《暂行办法》规定的条件和程序完成备案，经备案管理部门年度检查核实，投资运作符合《暂行办法》的有关规定。

（3）采取股权投资方式投资。享受税收优惠的创业投资的业务范围限于股权投资方式。根据《暂行办法》的规定，创业投资企业的经营范围包括：①创业投资业务；②代理其他创业投资企业等机构或个人的创业投资业务；③创业投资咨询业务；④为创业企业提供创业管理服务业务；⑤参与设立创业投资企业与创业投资管理顾问机构。对于创业投资企业其他业务范围的所得，不得享受此处规定的抵扣应纳税所得额的优惠。

（4）创业投资于未上市的中小高新技术企业 2 年以上。需要符合以下要求：

①未上市；

②中小高新技术企业。

创业投资企业投资的中小高新技术企业，除应按照《高新技术企业认定管理办法》（国科发火〔2016〕32 号）和《高新技术企业认定管理工作指引》（国科发火〔2016〕195 号）的规定，通过高新技术企业认定以外，还应符合职工人数不超过 500 人，年销售（营业）额不超过 2 亿元，资产总额不超过 2 亿元的条件。中小企业接受创业投资之后，经认定符合高新技术企业标准的，应自其被认定为高新技术企业的年度起，计算创业投资企业的投资期限。该期限内中小企业接受创业投资后，企业规模超过中小企业标准，但仍符合高新技术企业标准的，不影响创业投资企业享受有关税收优惠。

③投资时间在 2 年以上。

【例 2 –10】 甲创业投资公司，2018 年利润总额 500 万元，投资于一个未上市的中小高新技术企业，投资额 400 万元。没有其他纳税调整项目，满 2 年的当年：

甲公司应纳税所得额 =500 万元

甲公司可抵扣的应纳税所得额 =400 ×70% =280（万元）

甲公司本年度应纳税所得额 =500 –280 =220（万元）

甲公司本年度应纳所得税额 =220 ×25% =55（万元）

2.3.5.2 投资于初创科技型企业的创业投资企业

1. 优惠方式

《财政部 税务总局关于创业投资企业和天使投资个人有关税收政策的通知》（财税〔2018〕55 号）第一条规定："公司制创业投资企业采取股权投资方式直接投资于种子期、初创期科技型企业（以下简称初创科技型企业）满 2 年（24 个月，下同）的，可以按照投资额的 70% 在股权持有满 2 年的当年抵扣该公司制创业投资企业的应纳税所得额；当年不足抵扣的，可以在以后纳税年度结转抵扣。"

2. 优惠条件

公司制创业投资企业税收优惠应按照财税〔2018〕55 号文件和《国家税务总局关于创业投资企业和天使投资个人税收政策有关问题的公告》（国家税务总局公告 2018 年第 43 号）规定执行。

（1）初创科技型企业应同时符合以下条件：

①在中国境内（不包括港、澳、台地区）注册成立、实行查账征收的居民企业。

②接受投资时，从业人数不超过300人，其中具有大学本科以上学历的从业人数不低于30%；资产总额和年销售收入均不超过5000万元。

从业人数，包括与企业建立劳动关系的职工人员及企业接受的劳务派遣人员。从业人数及资产总额指标，按照初创科技型企业接受投资前连续12个月的平均数计算，不足12个月的，按实际月数平均计算。具体计算公式如下：

月平均数＝（月初数＋月末数）÷2

接受投资前连续12个月平均数＝接受投资前连续12个月平均数之和÷12

销售收入，包括主营业务收入与其他业务收入；年销售收入指标，按照企业接受投资前连续12个月的累计数计算，不足12个月的，按实际月数累计计算。

③接受投资时设立时间不超过5年（60个月，下同）。

④接受投资时以及接受投资后2年内未在境内外证券交易所上市。

⑤接受投资当年及下一纳税年度，研发费用总额占成本费用支出的比例不低于20%。

研发费用总额占成本费用支出的比例，是指企业接受投资当年及下一纳税年度的研发费用总额合计占同期成本费用总额合计的比例。研发费用口径，按照《财政部　国家税务总局　科技部关于完善研究开发费用税前加计扣除政策的通知》（财税〔2015〕119号）规定执行；成本费用，包括主营业务成本、其他业务成本、销售费用、管理费用、财务费用。

（2）创业投资企业，应同时符合以下条件：

①在中国境内（不含港、澳、台地区）注册成立、实行查账征收的居民企业或合伙创投企业，且不属于被投资初创科技型企业的发起人；

②符合《创业投资企业管理暂行办法》（发展改革委等10部门令第39号）规定或者《私募投资基金监督管理暂行办法》（证监会令第105号）关

于创业投资基金的特别规定，按照上述规定完成备案且规范运作；

③投资后 2 年内，创业投资企业及其关联方持有被投资初创科技型企业的股权比例合计应低于 50%。

（3）投资时间应满 2 年。

公司制创业投资企业投资于初创科技型企业的实缴投资满 2 年，投资时间从初创科技型企业接受投资并完成工商变更登记的日期算起。

2.3.5.3 投资于未上市的中小高新技术企业的有限合伙制创业投资企业的法人合伙人

投资于未上市的中小高新技术企业的有限合伙制创业投资企业的法人合伙人税收优惠，应按照《财政部　国家税务总局关于将国家自主创新示范区有关税收试点政策推广到全国范围实施的通知》（财税〔2015〕116 号）和《国家税务总局关于有限合伙制创业投资企业法人合伙人企业所得税有关问题的公告》（国家税务总局公告 2015 年第 81 号）规定执行。

1. 优惠方式

自 2015 年 10 月 1 日起，全国范围内的有限合伙制创业投资企业采取股权投资方式投资于未上市的中小高新技术企业满 2 年（24 个月）的，该有限合伙制创业投资企业的法人合伙人可按照其对未上市中小高新技术企业投资额的 70% 抵扣该法人合伙人从该有限合伙制创业投资企业分得的应纳税所得额，当年不足抵扣的，可以在以后纳税年度结转抵扣。

2. 优惠条件

有限合伙制创业投资企业，是指依照《中华人民共和国合伙企业法》《创业投资企业管理暂行办法》和《外商投资创业投资企业管理规定》（外经贸部　科技部　工商总局　税务总局　外汇管理局令 2003 年第 2 号，根据 2015 年 10 月 28 日《商务部关于修改部分规章和规范性文件的规定》修正）设立的专门从事创业投资活动的有限合伙企业。

有限合伙制创业投资企业的法人合伙人，是指依照《企业所得税法》及其实施条例以及相关规定，实行查账征收企业所得税的居民企业。

这里所称满 2 年，是指 2015 年 10 月 1 日起，有限合伙制创业投资企业投资于未上市中小高新技术企业的实缴投资满 2 年，同时，法人合伙人对该有限合伙制创业投资企业的实缴出资也应满2年。

3. 优惠计算

有限合伙制创业投资企业的法人合伙人对未上市中小高新技术企业的投资额，按照有限合伙制创业投资企业对中小高新技术企业的投资额和合伙协议约定的法人合伙人占有限合伙制创业投资企业的出资比例计算确定。

其中，有限合伙制创业投资企业对中小高新技术企业的投资额按实缴投资额计算；法人合伙人占有限合伙制创业投资企业的出资比例按法人合伙人对有限合伙制创业投资企业的实缴出资额占该有限合伙制创业投资企业的全部实缴出资额的比例计算。

如果法人合伙人投资于多个符合条件的有限合伙制创业投资企业，可合并计算其可抵扣的投资额和应分得的应纳税所得额。当年不足抵扣的，可结转以后纳税年度继续抵扣；当年抵扣后有结余的，应按照企业所得税法的规定计算缴纳企业所得税。

【例2-11】 甲公司占有限合伙制创业投资企业乙的出资比例为60%，乙企业投资于未上市中小高新技术企业满2年，投资额1000万元。2017年，甲公司应纳税所得额为300万元，其中来源于乙企业的应纳税所得额为180万元。

甲公司可以抵扣的投资额 = 1000 × 60% × 70% = 420（万元）

甲公司只能抵扣从乙分得的部分即180万元。

2017年度甲公司应纳税所得额 = 300 - 180 = 120（万元）

结转以后年度抵扣的投资额 = 420 - 180 = 240（万元）

2.3.5.4 投资于初创科技型企业的有限合伙制创业投资企业的法人合伙人

投资于初创科技型企业的有限合伙制创业投资企业的法人合伙人税收优惠应按照财税〔2018〕55号文件和国家税务总局公告2018年第43号规定执行。

1. 优惠方式

有限合伙制创业投资企业采取股权投资方式直接投资于初创科技型企业

满 2 年的，该合伙创投企业的法人合伙人可以按照对初创科技型企业投资额的 70% 抵扣法人合伙人从合伙创投企业分得的所得；当年不足抵扣的，可以在以后纳税年度结转抵扣。

2. 优惠条件

初创科技型企业满 2 年等条件同投资于初创科技型企业的公司制创业投资企业。

3. 优惠计算

有限合伙制创业投资企业的法人合伙人对初创科技型企业的投资额，按照创业投资企业或天使投资个人对初创科技型企业的实缴投资额确定。合伙创投企业的合伙人对初创科技型企业的投资额，按照合伙创投企业对初创科技型企业的实缴投资额和合伙协议约定的合伙人占合伙创投企业的出资比例计算确定。合伙人从合伙创投企业分得的所得，按照《财政部　国家税务总局关于合伙企业合伙人所得税问题的通知》（财税〔2008〕159 号）规定计算。出资比例，按投资满 2 年当年年末各合伙人对合伙创投企业的实缴出资额占所有合伙人全部实缴出资额的比例计算。

法人合伙人投资于多个符合条件的合伙创投企业，可合并计算其可抵扣的投资额和分得的所得。当年不足抵扣的，可结转以后纳税年度继续抵扣；当年抵扣后有结余的，应按照企业所得税法的规定计算缴纳企业所得税。

4. 管理措施

税务机关在公司制创业投资企业、合伙创业投资企业合伙人享受优惠政策后续管理中，对初创科技型企业是否符合规定条件有异议的，可以转请初创科技型企业主管税务机关提供相关资料，主管税务机关应积极配合。

创业投资企业、合伙创投企业合伙人、初创科技型企业提供虚假情况、故意隐瞒已投资抵扣情况或采取其他手段骗取投资抵扣，不缴或者少缴应纳税款的，按《税收征收管理法》有关规定处理。

投资于初创科技型企业的投资企业，包括公司制创业投资企业和合伙创业投资企业的法人合伙人企业所得税优惠政策自 2017 年 1 月 1 日起在试点地区执行，试点地区包括京津冀、上海、广东、安徽、四川、武汉、西安、沈阳 8 个全面创新改革试验区域和苏州工业园区；自 2018 年 1 月 1 日起，优惠政策推广到全国。

2.3.6 免税收入

2.3.6.1 国债利息收入

《企业所得税法》第二十六条第（一）项规定："国债利息收入"为免税收入。《企业所得税法实施条例》第八十二条规定："企业所得税法第二十六条第（一）项所称国债利息收入，是指企业持有国务院财政部门发行的国债取得的利息收入。"

需要注意的是，企业取得的国债利息收入为免税收入，国债转让收益为应税收入，不能混同于免税收入。

2.3.6.2 股息、红利收入

《企业所得税法》第二十六条第（二）项规定，"符合条件的居民企业之间的股息、红利等权益性投资收益"为免税收入。

《企业所得税法实施条例》第八十三条规定："企业所得税法第二十六条第（二）项所称符合条件的居民企业之间的股息、红利等权益性投资收益，是指居民企业直接投资于其他居民企业取得的投资收益。企业所得税法第二十六条第（二）项和第（三）项所称股息、红利等权益性投资收益，不包括连续持有居民企业公开发行并上市流通的股票不足12个月取得的投资收益。"

一个企业对另一企业进行权益性投资时，投资企业要从被投资企业取得股息、红利等权益性投资收益。由于股息、红利是从被投资企业税后利润中分配的，如果将股息、红利全额并入投资企业的应税收入中征收企业所得税，就会出现对同一经济来源所得的重复征税。因此，对股息、红利免税是各国的普遍做法。

《国家税务总局关于贯彻落实企业所得税法若干税收问题的通知》（国税函〔2010〕79号）第四条规定："企业权益性投资取得股息、红利等收入，应以被投资企业股东会或股东大会做出利润分配或转股决定的日期，确定收入的实现。被投资企业将股权（票）溢价所形成的资本公积转为股本的，不作为投资方企业的股息、红利收入，投资方企业也不得增加该项长期投资的计税基础。"

需要注意的是，居民企业直接投资于其他居民企业取得的投资收益属于免税收入，间接投资取得的投资收益不属于免税收入，投资于个人独资企业、合伙企业、外国企业获得的股息、红利不是免税收入。企业持有上市公司公开发行的股票不足12个月取得的投资收益不能免税，但持有非上市公司股权不足12个月取得的投资收益可以免税，没有时间限制。

2.3.7　所得减免

2.3.7.1　农、林、牧、渔业项目所得减免

《企业所得税法》第二十七条第（一）项规定："从事农、林、牧、渔业项目的所得"可以免征、减征企业所得税。

《企业所得税法实施条例》第八十六条规定：

"企业所得税法第二十七条第（一）项规定的企业从事农、林、牧、渔业项目的所得，可以免征、减征企业所得税，是指：

"（一）企业从事下列项目的所得，免征企业所得税：

"（1）蔬菜、谷物、薯类、油料、豆类、棉花、麻类、糖料、水果、坚果的种植；

"（2）农作物新品种的选育；

"（3）中药材的种植；

"（4）林木的培育和种植；

"（5）牲畜、家禽的饲养；

"（6）林产品的采集；

"（7）灌溉、农产品初加工、兽医、农技推广、农机作业和维修等农、林、牧、渔服务业项目；

"（8）远洋捕捞。

"（二）企业从事下列项目的所得，减半征收企业所得税：

"（1）花卉、茶以及其他饮料作物和香料作物的种植；

"（2）海水养殖、内陆养殖。

"企业从事国家限制和禁止发展的项目，不得享受本条规定的企业所得税优惠。"

农产品初加工范围依照《财政部 国家税务总局关于发布享受企业所得税优惠政策的农产品初加工范围（试行）的通知》（财税〔2008〕149 号）和《财政部 国家税务总局关于享受企业所得税优惠的农产品初加工有关范围的补充通知》（财税〔2011〕26 号）执行。

采取“公司 + 农户”经营模式从事牲畜、家禽的饲养的企业，根据《国家税务总局关于“公司 + 农户”经营模式企业所得税优惠问题的通知》（国家税务总局公告 2010 年第 2 号）规定：“目前，一些企业采取‘公司 + 农户’经营模式从事牲畜、家禽的饲养，即公司与农户签订委托养殖合同，向农户提供畜禽苗、饲料、兽药及疫苗等（所有权〈产权〉仍属于公司），农户将畜禽养大成为成品后交付公司回收。鉴于采取‘公司 + 农户’经营模式的企业，虽不直接从事畜禽的养殖，但系委托农户饲养，并承担诸如市场、管理、采购、销售等经营职责及绝大部分经营管理风险，公司和农户是劳务外包关系。为此，对此类以‘公司 + 农户’经营模式从事农、林、牧、渔业项目生产的企业，可以按照《中华人民共和国企业所得税法实施条例》第八十六条的有关规定，享受减免企业所得税优惠政策。”

2.3.7.2 国家重点扶持的公共基础设施项目所得减免

《企业所得税法》第二十七条第（二）项规定：“从事国家重点扶持的公共基础设施项目投资经营的所得”可以免征、减征企业所得税。

《企业所得税法实施条例》第八十七条规定：“企业所得税法第二十七条第（二）项所称国家重点扶持的公共基础设施项目，是指《公共基础设施项目企业所得税优惠目录》规定的港口码头、机场、铁路、公路、城市公共交通、电力、水利等项目。企业从事前款规定的国家重点扶持的公共基础设施项目的投资经营的所得，自项目取得第一笔生产经营收入所属纳税年度起，第一年至第三年免征企业所得税，第四年至第六年减半征收企业所得税。企业承包经营、承包建设和内部自建自用本条规定的项目，不得享受本条规定的企业所得税优惠。”

《财政部 国家税务总局关于公布公共基础设施项目企业所得税优惠目录（2008 年版）的通知》（财税〔2008〕116 号）发布了《公共基础设施项目企业所得税优惠目录（2008 年版）》。

2.3.7.3　环境保护、节能节水项目所得减免

《企业所得税法》第二十七条第（三）项规定，“从事符合条件的环境保护、节能节水项目的所得”可以免征、减征企业所得税。

《企业所得税法实施条例》第八十八条规定：“企业所得税法第二十七条第（三）项所称符合条件的环境保护、节能节水项目，包括公共污水处理、公共垃圾处理、沼气综合开发利用、节能减排技术改造、海水淡化等。项目的具体条件和范围由国务院财政、税务主管部门商国务院有关部门制订，报国务院批准后公布施行。企业从事前款规定的符合条件的环境保护、节能节水项目的所得，自项目取得第一笔生产经营收入所属纳税年度起，第一年至第三年免征企业所得税，第四年至第六年减半征收企业所得税。”

《财政部　国家税务总局　国家发展改革委关于公布环境保护、节能节水项目企业所得税优惠目录（试行）的通知》（财税〔2009〕166号）发布了《环境保护、节能节水项目企业所得税优惠目录（试行）》。

《财政部　国家税务总局　国家发展改革委关于垃圾填埋沼气发电列入〈环境保护、节能节水项目企业所得税优惠目录（试行）〉的通知》（财税〔2016〕131号）第一条规定：“将垃圾填埋沼气发电项目列入《财政部　国家税务总局　国家发展改革委关于公布环境保护、节能节水项目企业所得税优惠目录（试行）的通知》（财税〔2009〕166号）规定的‘沼气综合开发利用’范围。”

自2016年1月1日起，企业从事垃圾填埋沼气发电项目取得的所得，符合目录规定优惠政策条件的，可依照规定享受企业所得税优惠。

2.3.7.4　技术转让所得

《企业所得税法》第二十七条第（四）项规定：“符合条件的技术转让所得”可以免征、减征企业所得税。

《企业所得税法实施条例》第九十条规定：“企业所得税法第二十七条第（四）项所称符合条件的技术转让所得免征、减征企业所得税，是指一个纳税年度内，居民企业技术转让所得不超过500万元的部分，免征企业所得税；超过500万元的部分，减半征收企业所得税。”

需要注意的是，若高新技术企业享受技术转让所得减半征收优惠，只能

按照25%法定税率减半，不能按照15%优惠税率减半。《国家税务总局关于进一步明确企业所得税过渡期优惠政策执行口径问题的通知》（国税函〔2010〕157号）第一条第（三）项规定："居民企业取得中华人民共和国企业所得税法实施条例第八十六条、第八十七条、第八十八条和第九十条规定可减半征收企业所得税的所得，是指居民企业应就该部分所得单独核算并依照25%的法定税率减半缴纳企业所得税。"

【例2－12】 某高新技术企业2019年应纳税所得额为2000万元，其中700万元为技术转让所得。技术转让所得超过500万元的部分，应按照25%的法定税率减半，而不是按照高新技术企业15%税率减半。该企业应纳所得税额＝（2000－700）×15%＋（700－500）×50%×25%＝220（万元）。

2.3.7.5　注意事项

《企业所得税法实施条例》第一百零二条规定："企业同时从事适用不同企业所得税待遇的项目的，其优惠项目应当单独计算所得，并合理分摊企业的期间费用；没有单独计算的，不得享受企业所得税优惠。"

期间费用的分摊，可采用投资额、销售收入、资产额、人员工资等合理计算分摊比例。

2.3.8　残疾人员工资加计扣除

2.3.8.1　税收优惠方式

《企业所得税法》第三十条第（二）项规定："安置残疾人员及国家鼓励安置的其他就业人员所支付的工资"可以在计算应纳税所得额时加计扣除。

《企业所得税法实施条例》第九十六条规定："企业所得税法第三十条第（二）项所称企业安置残疾人员所支付的工资的加计扣除，是指企业安置残疾人员的，在按照支付给残疾职工工资据实扣除的基础上，按照支付给残疾职工工资的100%加计扣除。残疾人员的范围适用《中华人民共和国残疾人保障法》的有关规定。企业所得税法第三十条第（二）项所称企业安置国家鼓励安置的其他就业人员所支付的工资的加计扣除办法，由国务院另行规定。”

2.3.8.2 优惠条件

《财政部 国家税务总局关于安置残疾人员就业有关企业所得税优惠政策问题的通知》（财税〔2009〕70号）规定：

（1）企业安置残疾人员的，在按照支付给残疾职工工资据实扣除的基础上，可以在计算应纳税所得额时按照支付给残疾职工工资的100%加计扣除。企业就支付给残疾职工的工资，在进行企业所得税预缴申报时，允许据实计算扣除；在年度终了进行企业所得税年度申报和汇算清缴时，再依照本条第一款的规定计算加计扣除。

（2）残疾人员的范围适用《中华人民共和国残疾人保障法》的有关规定。

（3）企业享受安置残疾职工工资100%加计扣除应同时具备如下条件：

①依法与安置的每位残疾人签订了1年以上（含1年）的劳动合同或服务协议，并且安置的每位残疾人在企业实际上岗工作。

②为安置的每位残疾人按月足额缴纳了企业所在区县人民政府根据国家政策规定的基本养老保险、基本医疗保险、失业保险和工伤保险等社会保险。

③定期通过银行等金融机构向安置的每位残疾人实际支付了不低于企业所在区县适用的经省级人民政府批准的最低工资标准的工资。

④具备安置残疾人上岗工作的基本设施。

⑤企业应在年度终了进行企业所得税年度申报和汇算清缴时，向主管税务机关报送本通知第四条规定的相关资料、已安置残疾职工名单及其《中华人民共和国残疾人证》或《中华人民共和国残疾军人证（1级至8级）》复印件和主管税务机关要求提供的其他资料，办理享受企业所得税加计扣除优惠的备案手续。

⑥在企业汇算清缴结束后，主管税务机关在对企业进行日常管理、纳税评估和纳税检查时，应对安置残疾人员企业所得税加计扣除优惠的情况进行核实。

2.3.9 专用设备投资额的税额抵免

《企业所得税法》第三十四条规定："企业购置用于环境保护、节能节水、安全生产等专用设备的投资额，可以按一定比例实行税额抵免。"

《企业所得税法实施条例》第一百条规定："企业所得税法第三十四条所称税额抵免，是指企业购置并实际使用《环境保护专用设备企业所得税优惠目录》《节能节水专用设备企业所得税优惠目录》和《安全生产专用设备企业所得税优惠目录》规定的环境保护、节能节水、安全生产等专用设备的，该专用设备的投资额的10%可以从企业当年的应纳税额中抵免；当年不足抵免的，可以在以后5个纳税年度结转抵免。享受前款规定的企业所得税优惠的企业，应当实际购置并自身实际投入使用前款规定的专用设备；企业购置上述专用设备在5年内转让、出租的，应当停止享受企业所得税优惠，并补缴已经抵免的企业所得税税款。"

2018年1月1日以后，按照《财政部　税务总局　应急管理部关于印发〈安全生产专用设备企业所得税优惠目录（2018年版）〉的通知》（财税〔2018〕84号）发布的《安全生产专用设备企业所得税优惠目录（2018年版）》执行。

2.3.10 加速折旧

2.3.10.1 双倍余额递减法

双倍余额递减法，是指在不考虑固定资产预计净残值的情况下，根据每期期初固定资产原值减去累计折旧后的金额和双倍的直线法折旧率计算固定资产折旧的一种方法。应用这种方法计算折旧额时，因为每年年初固定资产净值没有减去预计净残值，所以在计算固定资产折旧额时，应在其折旧年限到期前的两年期间，将固定资产净值减去预计净残值后的余额平均摊销。计算公式如下：

年折旧率=2÷预计使用寿命（年）×100%

月折旧率=年折旧率÷12

月折旧额=月初固定资产账面净值×月折旧率

【例 2－13】 某设备原值为 120 万元，预计净残值率为 4%，预计使用年限为 5 年，按双倍余额递减法计算，每年折旧额如下：

年折旧率＝2÷5×100%＝40%

第一年应提折旧＝120×40%＝48（万元）

第二年应提折旧＝（120－48）×40%＝28.8（万元）

第三年应提折旧＝（120－48－28.8）×40%＝17.28（万元）

从第四年起改按直线法计提折旧：

第四年、第五年每年应提折旧＝（120－48－28.8－17.28－120×4%）÷2＝10.56（万元）

2.3.10.2 年数总和法

年数总和法，又称年限合计法，是指将固定资产的原值减去预计净残值后的余额，乘以一个以固定资产尚可使用寿命为分子、以预计使用寿命逐年数字之和为分母的逐年递减的分数计算每年的折旧额。计算公式如下：

年折旧率＝尚可使用年限÷预计使用寿命的年数总和×100%

月折旧率＝年折旧率÷12

月折旧额＝（固定资产原值－预计净残值）×月折旧率

【例 2－14】 某设备原值为 120 万元，预计净残值率为 4%，预计使用年限为 5 年，按年数总和法计算，每年折旧额如下：

第一年应提折旧＝（120－120×4%）×5÷15＝38.4（万元）

第二年应提折旧＝（120－120×4%）×4÷15＝30.72（万元）

第三年应提折旧＝（120－120×4%）×3÷15＝23.04（万元）

第四年应提折旧＝（120－120×4%）×2÷15＝15.36（万元）

第五年应提折旧＝（120－120×4%）×1÷15＝7.68（万元）

2.3.10.3 缩短折旧年限

《企业所得税法实施条例》第九十八条第二款规定："采取缩短折旧年限方法的，最低折旧年限不得低于本条例第六十条规定折旧年限的 60%。"

《国家税务总局关于固定资产加速折旧税收政策有关问题的公告》（国家税务总局公告2014年第64号）第四条规定："企业采取缩短折旧年限方法的，对其购置的新固定资产，最低折旧年限不得低于企业所得税法实施条例第六十条规定的折旧年限的60%；企业购置已使用过的固定资产，其最低折旧年限不得低于实施条例规定的最低折旧年限减去已使用年限后剩余年限的60%。最低折旧年限一经确定，一般不得变更。"

因此，企业若采用缩短折旧年限的方法，须注意60%的限制。

2.3.11　设备、器具一次性税前扣除

为引导企业加大设备、器具投资力度，《财政部　税务总局关于设备　器具扣除有关企业所得税政策的通知》（财税〔2018〕54号）、《国家税务总局关于设备　器具扣除有关企业所得税政策执行问题的公告》（国家税务总局公告2018年第46号）规定，所有企业在2018年1月1日至2020年12月31日期间新购进的设备、器具，单位价值不超过500万元的，可以一次性税前扣除。设备、器具，是指除房屋、建筑物以外的固定资产。

2.3.12　高新技术企业和科技型中小企业十年弥补亏损

2.3.12.1　优惠方式

自2018年1月1日起，当年具备高新技术企业或科技型中小企业资格①（以下统称资格）的企业，其具备资格年度之前5个年度发生的尚未弥补完的亏损，准予结转以后年度弥补，最长结转年限由5年延长至10年。政策依据为《财政部　税务总局关于延长高新技术企业和科技型中小企业亏损结转年限的通知》（财税〔2018〕76号）和《国家税务总局关于延长高新技术企业和科技型中小企业亏损结转弥补年限有关企业所得税处理问题的公告》（国家税务总局公告2018年第45号）。

---

①　科技型中小企业认定标准参见《科技部　财政部　国家税务总局关于印发〈科技型中小企业评价办法〉的通知》（国科发政〔2017〕115号）和《科技部关于印发〈科技型中小企业评价工作指引（试行）〉的通知》（国科火字〔2017〕144号）。

2.3.12.2 一般规定

具备资格的企业，其具备资格年度之前5个年度发生的尚未弥补完的亏损，是指当年具备资格的企业，其前5个年度无论是否具备资格，所发生的尚未弥补完的亏损。

2018年具备资格的企业，无论2013—2017年是否具备资格，其2013年至2017年发生的尚未弥补完的亏损，均准予结转以后年度弥补，最长结转年限为10年。2018年以后年度具备资格的企业，依此类推，进行亏损结转弥补税务处理。

【例2－15】 某公司2018年具备资格，2013年亏损300万元，2014年亏损200万元，2015年亏损100万元，2016年所得为0，2017年所得200万元，2018年所得50万元。按照政策规定，无论该公司在2013—2017年期间是否具备资格，2013年亏损300万元，用2017年所得200万元、2018年所得50万元弥补后，如果2019—2023年有所得仍可继续弥补；2014年企业亏损200万元，依次用2019—2024年所得弥补；2015年企业亏损100万元，依次用2019—2025年所得弥补。

【例2－16】 接上例，该公司2019年起不具备资格，2019年亏损100万元。其之前2013—2015年尚未弥补完的亏损的最长结转年限为10年并不受影响。如果该公司在2024年之前任一年度重新具备资格，按照政策规定，2019年亏损100万元准予向以后10年结转弥补，即准予依次用2020—2029年所得弥补。如果到2024年其还不具备资格，按照政策规定，2019年亏损100万元只准予向以后5年结转弥补，即依次用2020—2024年所得弥补，尚未弥补完的亏损，不允许用2025—2029年所得弥补。

2.3.12.3 重组

企业发生符合特殊性税务处理规定的合并或分立重组事项的，其尚未弥补完的亏损，按照《财政部 国家税务总局关于企业重组业务企业所得税处理若干问题的通知》（财税〔2009〕59号）和国家税务总局公告2018年第45

号有关规定进行税务处理：

（1）合并企业承继被合并企业尚未弥补完的亏损的结转年限，按照被合并企业的亏损结转年限确定；

（2）分立企业承继被分立企业尚未弥补完的亏损的结转年限，按照被分立企业的亏损结转年限确定；

（3）合并企业或分立企业具备资格的，其承继被合并企业或被分立企业尚未弥补完的亏损的结转年限，按照财税〔2018〕76号和国家税务总局公告2018年第45号文件规定处理。

【例2-17】 2018年甲公司吸收合并乙公司，适用特殊性税务处理规定。其中，甲公司不具备资格，其尚未弥补完的2016年亏损，准予向以后5年结转弥补。乙公司具备资格，其尚未弥补完的2016年亏损，准予向以后10年结转弥补。吸收合并后甲公司尚未弥补完的2016年亏损，包括合并前甲公司尚未弥补完的亏损和乙公司尚未弥补完的亏损，按照政策规定应当分别处理，即合并后甲公司尚未弥补完的2016年亏损，其中，合并前甲公司尚未弥补完的亏损，只准予用2018—2021年的所得弥补；合并前乙公司尚未弥补完的亏损，按照财税〔2009〕59号文件第六条第（四）项有关规定计算后，准予用2018—2026年的所得弥补。如合并后甲公司2018年具备资格，合并后甲公司尚未弥补完的2016年亏损，包括合并前甲公司尚未弥补完的亏损和乙公司尚未弥补完的亏损，均准予用2018—2026年的所得弥补。

【例2-18】 2018年甲公司分立新设乙公司和丙公司，适用特殊性税务处理规定。其中，甲公司具备资格，其尚未弥补完的2016年亏损，准予向以后10年结转弥补。分立新设的乙公司和丙公司分别承继甲公司尚未弥补完的2016年亏损。按照政策规定，分立后乙公司和丙公司分别承继甲公司尚未弥补完的2016年亏损，按照财税〔2009〕59号文件第六条第（五）项有关规定计算后，无论分立后乙公司和丙公司是否具备资格，均准予用2018—2026年的所得弥补。

3　个人所得税优惠政策

个人所得税减税主要体现为修订后的《个人所得税法》实施后，费用扣除额提高至5000元，并且引入专项附加扣除制度。本章首先着重讲解各项专项附加扣除，其次讲解个人所得税过渡期优惠政策，最后介绍主要个人所得税优惠政策。

3.1　个人所得税专项附加扣除

3.1.1　子女教育

3.1.1.1　概述

《国务院关于印发个人所得税专项附加扣除暂行办法的通知》（国发〔2018〕41号）第五条规定："纳税人的子女接受全日制学历教育的相关支出，按照每个子女每月1000元的标准定额扣除。"

父母，是指生父母、继父母、养父母；子女，是指婚生子女、非婚生子女、继子女、养子女（下同）。

3.1.1.2　子女教育支出可以扣除的情况

子女教育支出可以扣除的情况主要包括：

（1）纳税人的每个子女自年满3岁起，每月扣除1000元；每个子女都可以扣除1000元，如纳税人有两个孩子，可扣除2000元（1000×2=2000），没有数额限制，纳税人有N个孩子，可扣除1000元×N。

（2）子女自年满3岁，无论是否上幼儿园，父母都可以扣除。

（3）子女休学、参军等，只要保留学籍，父母仍可以扣除。

（4）子女寒、暑假期间，父母也可以扣除，但该寒、暑假应在连续学历之间。如子女大学毕业考取研究生，二者之间的暑假，父母可以扣除。

（5）子女接受学历教育，即使未取得毕业证书，父母也可以扣除。

（6）私立学校，只要国家承认学历，父母也可以扣除。

（7）子女为外籍，父母也可以扣除。

（8）离异重组等情况的家庭子女而言，具体扣除方法由父母双方协商决定，一个孩子扣除总额不能超过1000元/月，扣除人不能超过2个。

3.1.1.3　子女教育支出不能扣除的情况

子女教育支出不能扣除的情况主要包括：

（1）子女自年满3岁前，父母不能扣除。

（2）子女到了入学年龄，没有入学，没有学籍，父母不能扣除。

（3）子女的学历非全日制，如子女读在职研究生，虽有学历，但非全日制，则父母不能扣除。

（4）境外非正规大学不能扣除。

（5）学历教育应连续计算，若中断，则不能扣除，如子女大学毕业，一年后考取研究生，大学毕业至研究生入学这一年父母不能扣除。

（6）若父母间分摊，只能按照各自50%分摊，不能约定其他比例。

3.1.1.4　扣除方法

父母可以任意一方全部扣除，也可以父母各自扣除50%。分摊扣除是按每个子女确定扣除比例。具体扣除方式在一个纳税年度内不能变更。

学前教育阶段，为子女年满3周岁当月至小学入学前一月。学历教育，为子女接受全日制学历教育入学的当月至全日制学历教育结束的当月。

【例3-1】　纳税人的子女于2019年9月年满3岁，则该纳税人自2019年9月起每月可以扣除1000元，2019年全年可以扣除4000元（1000×4=4000）；2020年全年可以扣除12000元。

【例3-2】　纳税人有两个子女，正在上学，则有下列三种扣除方法：

①父亲扣除2000元/月，母亲不扣除；

②母亲扣除2000元/月，父亲不扣除；

③父、母分别扣除1000元/月。

【例3-3】 夫妻离异，一方抚养子女，另一方也可以扣除；夫妻离异，再组建家庭，既可以扣除自己的子女，也可以扣除对方的子女。需要注意的是，子女教育专项附加扣除是按子女扣除，即使亲生父母、继父母都符合扣除条件，但不能每人都扣除。总之，一个子女至多只能扣除1000元/月。如甲、乙有一个孩子，后甲、乙离婚，孩子归乙抚养，如果甲、乙与丙、丁各自组建家庭，则甲、乙、丙、丁都符合扣除条件，但只能其中一人每月扣除1000元，或两人每月分别扣除500元，不能四个人都扣除。

【例3-4】 某员工2019年3月新入职A单位开始领工资，其5月才首次向单位报送正在上幼儿园的4岁女儿相关信息。则5月该员工可在A单位发工资时扣除的子女教育支出金额为3000元（1000元/月×3个月）。

3.1.1.5 留存资料

国内学历无留存资料，境外学历应当留存境外学校录取通知书、留学签证等相关教育的证明资料备查。

3.1.2 继续教育

3.1.2.1 概述

国发〔2018〕41号文件第八条规定："纳税人在中国境内接受学历（学位）继续教育的支出，在学历（学位）教育期间按照每月400元定额扣除。同一学历（学位）继续教育的扣除期限不能超过48个月。纳税人接受技能人员职业资格继续教育、专业技术人员职业资格继续教育的支出，在取得相关证书的当年，按照3600元定额扣除。"

3.1.2.2 继续教育支出可以扣除的情况

1. 学历（学位）继续教育

（1）学历和学位教育都可以扣除，如同等学力教育，只有学位没有学历，也可以扣除。

（2）继续教育，即使未取得学历、学位证书，也可以扣除。

（3）同一学历，期间可以转换专业，如纳税人在某专业学习 48 个月后又转换专业继续学习，仍然可以扣除。

（4）即使休学，只要保留学籍，仍可以扣除。

（5）寒、暑假期间，也可以扣除，但该寒、暑假应在连续学历之间。

（6）非全日制学历（学位）继续教育，也可以扣除，如读非全日制在职研究生，也可以扣除。

（7）本科及以下学历（学位）继续教育，可以由本人扣除，也可以由其父母扣除，但不能重复扣除。

（8）参加自学考试，按照《高等教育自学考试暂行条例》的有关规定，高等教育自学考试应考者取得一门课程的单科合格证书后，省考委即应为其建立考籍管理档案。具有考籍管理档案的考生，可以享受继续教育专项附加扣除。

2. 职业资格继续教育

（1）在取得相关证书的年度扣除，以证书上的发证日期为准。

（2）发证日期为 2019 年 1 月 1 日后的证书才可以扣除。如证书上的发证日期为 2018 年 12 月 31 日，纳税人 2019 年 1 月 3 日取得，不能扣除。

（3）可以扣除的证书，以人力资源社会保障部发布的《国家职业资格目录》（人社部发〔2017〕68 号）内证书为准，目前该目录内有证书 140 项。

（4）学历（学位）继续教育和职业资格继续教育可以叠加扣除，如纳税人在继续教育的同时取得资格证书，当年合计可扣除 8400 元（4800 + 3600 = 8400）。

3.1.2.3 继续教育支出不能扣除的情况

1. 学历（学位）继续教育

（1）同一学历（学位）学习超过 48 个月的继续教育不能扣除。

（2）继续教育应连续计算，若中断，则不能扣除。如大学毕业，一年后考取研究生，则大学毕业至研究生入学这一年不能扣除。

（3）本科以上的学历（学位）继续教育，只能由本人扣除，不能由其父母扣除。

（4）在中国境外接受继续教育，不能扣除。

2. 职业资格继续教育

（1）职业资格继续教育一年只能扣除3600元，即使同一年度内取得多个证书，也只能扣除3600元。

（2）取得相关证书的当年扣除，以后年度不能再扣除。

（3）不在《国家职业资格目录》内的证书不能扣除。

（4）取得中国境外的职业资格证书，不能扣除。

（5）职业资格继续教育只能由本人扣除，不能由其父母扣除。

3.1.2.4 扣除方法

本科及以下学历（学位）继续教育，可以由本人按照继续教育支出扣除，也可以由其父母按照子女教育支出扣除，但不能本人和父母同时扣除。

职业资格继续教育既可以在取得证书的当月及以后月份扣除，也可以在汇算清缴时扣除。

学历（学位）继续教育，为在中国境内接受学历（学位）继续教育入学的当月至学历（学位）继续教育结束的当月，同一学历（学位）继续教育的扣除期限最长不得超过48个月。技能人员职业资格继续教育、专业技术人员职业资格继续教育，为取得相关证书的当年。

【例3-5】 一对夫妻有一子一女，儿子在读全日制研究生，当年取得注册会计师证书；女儿在读大学三年级，则儿子、女儿的子女教育由父母扣除，扣除方法同【例3-2】，职业资格继续教育3600元只能由儿子本人扣除。

3.1.2.5 留存资料

学历（学位）继续教育无需留存资料；纳税人接受技能人员职业资格继

续教育、专业技术人员职业资格继续教育的，应当留存相关证书等资料备查。

3.1.3 大病医疗

3.1.3.1 概述

国发〔2018〕41号文件第十一条规定："在一个纳税年度内，纳税人发生的与基本医保相关的医药费用支出，扣除医保报销后个人负担（指医保目录范围内的自付部分）累计超过15000元的部分，由纳税人在办理年度汇算清缴时，在80000元限额内据实扣除。"

3.1.3.2 医疗支出可以扣除的情况

医疗支出可以扣除的情况主要包括：

（1）医保目录范围内的自付部分才能扣除。

（2）不限定大病定义，只以金额为标准。

（3）个人的大病医疗金额可以叠加，如某人一年得了三场病，医保目录范围内的自付部分均为6000元，则超过了15000元，可扣除3000元（6000×3－15000＝3000）。

（4）个人负担超过15000元的医药费用支出部分，可以按照每年80000元标准限额据实扣除。即若个人医保目录范围内自付95000元，则可扣除80000元（95000－15000）。如下图所示。

3.1.3.3 医疗支出不能扣除的情况

医疗支出不能扣除的情况主要包括：

（1）医保目录范围外的自费部分不能扣除。

（2）医保目录范围内的自费部分15000元以内和超过95000元的部分不能扣除。

（3）多人不能叠加，如一家三口，一年内每人都得了一场病，每人医保目录范围内的自付部分均为6000元，则每人都不能扣除。

（4）大病医疗是六项专项附加扣除里唯一据实限额扣除的项目，若医保目录范围内的自付部分个人负担超过15000元不足95000元的，据实扣除，不能按80000元扣除。

（5）大病医疗是六项专项附加扣除里唯一只能在汇算清缴时扣除的项目，预扣预缴时不能扣除。

（6）若子女已成年，即使没有经济来源，父母也不能扣除其大病医疗。

3.1.3.4　扣除方法

大病医疗专项附加扣除可以由本人扣除，也可以由其配偶扣除；未成年子女的大病医疗，可由父母任意一方扣除，不能分摊。

扣除时间为医疗保障信息系统记录的医药费用实际支出的当年。

【例3－6】　某人2019年医保目录范围内的自付部分为80000元，则当年汇算清缴时可以扣除＝80000－15000＝65000（元）。

【例3－7】　某人2019年医保目录范围内的自付部分为100000元，100000－15000＝85000（元），则当年汇算清缴时可以扣除80000元。

3.1.3.5　留存资料

纳税人应当留存医药服务收费及医保报销相关票据原件（或者复印件）等资料备查。医疗保障部门应当向患者提供在医疗保障信息系统记录的本人年度医药费用信息查询服务。

3.1.4　住房贷款利息

3.1.4.1　概述

国发〔2018〕41号文件第十四条规定："纳税人本人或者配偶单独或者共同使用商业银行或者住房公积金个人住房贷款为本人或者其配偶购买中国境内住房，发生的首套住房贷款利息支出，在实际发生贷款利息的年度，按照每月1000元的标准定额扣除，扣除期限最长不超过240个月。纳税人只能享受一次首套住房贷款的利息扣除。本办法所称首套住房贷款是指购买住房享受首套住房贷款利率的住房贷款。”

如果纳税人难以确定自有住房贷款是否符合扣除条件，可以通过查阅贷款合同（协议），或向办理贷款的银行、住房公积金中心咨询等方式确认。

《中国人民银行办公厅 财政部办公厅 税务总局办公厅关于做好个人所得税住房贷款利息专项附加扣除相关信息归集工作的通知》（银办发〔2019〕71号）规定，依托人民银行征信系统（以下简称征信系统），在目前已采集的商业性个人住房贷款信息基础上，增加采集“贷款合同编号”和“是否为首套住房贷款”两个数据项。其中，“是否为首套住房贷款”的判断以差别化住房信贷政策的发布时间为分界点。2003年6月6日，中国人民银行发布《中国人民银行关于加强房地产信贷业务管理的通知》（银发〔2003〕121号），开始执行差别化住房信贷政策，要求全国各地区的商业银行对借款人购买第一套自住住房和第二套（含）以上住房，执行差别化的首付款比例和利率政策。贷款发放日期在2003年6月6日（含）之后的，根据当时发放贷款的历史时点的差别化住房信贷政策以及所在地区在该历史时点发布的相关住房信贷政策执行标准判断“是否为首套住房贷款”。

住房贷款利息和住房租金只能二选一扣除，不能同时扣除。

3.1.4.2 住房贷款利息可以扣除的情况

住房贷款利息可以扣除的情况主要包括：

（1）每月实际还款利息不足1000元，也可以按照每月1000元扣除。

（2）2019年1月1日前购买的首套住房也可以扣除。如纳税人2019年1月1日前购买一套首套住房，正在还贷，2019年1月1日起可以按照每月1000元扣除。

（3）与是否取得房屋产权证无关。即使未取得房屋产权证，也可以扣除。

（4）采用组合贷款方式购买的住房，如公积金中心或者商业银行其中之一，是按照首套房屋贷款利率发放的贷款，则可以享受住房贷款利息扣除。

3.1.4.3 住房贷款利息不能扣除的情况

住房贷款利息不能扣除的情况主要包括：

（1）非住房不能扣除。

（2）非首套住房不能扣除。

（3）只能扣除首套住房，如某人在北京市购买一套住房，在天津市购买一套住房，只能扣除一套。

（4）非本人或配偶为本人或配偶购买的住房不能扣除，如以父母的名义买房，自己还贷，不能扣除；夫妻二人购买一套首套住房，房屋产权证上写子女的名字，不能扣除；夫妻二人购买一套首套住房，房屋产权证写女方名字，男方还贷，离婚后男方继续还贷，由于女方已不是其配偶，男方不能扣除。

（5）房贷利息超过240个月不能扣除。

3.1.4.4　扣除方法

扣除时间为贷款合同约定开始还款的当月至贷款全部归还或贷款合同终止的当月（扣除期限最长不超过240个月）。

经夫妻双方约定，可以选择由其中一方扣除，具体扣除方式在一个纳税年度内不能变更。

夫妻双方婚前分别购买住房发生的首套住房贷款，婚后其贷款利息支出可以选择其中一套购买的住房，由购买方按扣除标准的100%扣除，也可以由夫妻双方对各自购买的住房分别按扣除标准的50%扣除，具体扣除方式在一个纳税年度内不能变更。

【例3-8】　夫妻二人结婚前各自购买一套首套住房，各自还贷，各自每月扣除1000元。结婚后，要么夫妻其中一人每月扣除1000元，另一人不扣除；要么夫妻二人各扣除500元。总之，结婚后，不能夫妻再各自每月扣除1000元。

3.1.4.5　留存资料

纳税人应当留存住房贷款合同、贷款还款支出凭证备查。

3.1.5　住房租金

3.1.5.1　概述

国发〔2018〕41号文件第十七条规定：“纳税人在主要工作城市没有自

有住房而发生的住房租金支出，可以按照以下标准定额扣除：（一）直辖市、省会（首府）城市、计划单列市以及国务院确定的其他城市，扣除标准为每月1500元；（二）除第一项所列城市以外，市辖区户籍人口超过100万的城市，扣除标准为每月1100元；市辖区户籍人口不超过100万的城市，扣除标准为每月800元。纳税人的配偶在纳税人的主要工作城市有自有住房的，视同纳税人在主要工作城市有自有住房。市辖区户籍人口，以国家统计局公布的数据为准。”

住房贷款利息和住房租金只能二选一扣除，不能同时扣除。

3.1.5.2 住房租金可以扣除的情况

住房租金可以扣除的情况主要包括：

（1）每月实际房租不足定额，也可以按照每月定额扣除。

（2）主要工作城市为其全部行政区域范围，包括郊区。

（3）转租的住房也可以扣除。

（4）非主要工作城市有住房，在主要工作城市租房，也可以扣除。如纳税人在北京有住房，任职受雇在天津，在天津租房，可以扣除。

（5）如果任职受雇所在地与实际工作地不符，以实际工作地为主要工作城市。如纳税人公司所在地为保定，被派往分公司北京工作，纳税人及其配偶在北京都没有住房，在北京租房居住，按照北京市的标准享受住房租金扣除。

（6）纳税人在主要工作城市无住房，在其他城市租房，也可以扣除。如纳税人主要工作地在北京，在燕郊租房居住，按照北京市的标准享受住房租金扣除。

（7）夫妻双方主要工作城市不同，且都无住房，可以分别扣除。

3.1.5.3 住房租金不能扣除的情况

住房租金不能扣除的情况主要包括：

（1）非住房不能扣除。

（2）纳税人在主要工作城市有住房，不能扣除住房租金。如纳税人在北京最南边有住房，工作在北京最北边，在单位附近租房，不能扣除。

（3）纳税人的配偶在主要工作城市有住房，视同纳税人有住房。如夫妻二人，女方在北京最南边有住房，男方工作在北京最北边，在单位附近租房，不能扣除。

(4) 非签订租赁住房合同的承租人不能扣除。如夫妻租房，男方与房东签订租赁住房合同，后男方辞职无收入，女方有收入，除非由女方重新签订租赁住房合同，否则女方不能扣除。

3.1.5.4 扣除方法

扣除时间为租赁合同（协议）约定的房屋租赁期开始的当月至租赁期结束的当月。提前终止合同（协议）的，以实际租赁期限为准。

夫妻双方主要工作城市相同的，只能由一方扣除住房租金支出。

住房租金支出由签订租赁住房合同的承租人扣除。

纳税人及其配偶在一个纳税年度内不能同时分别享受住房贷款利息和住房租金专项附加扣除。

【例3-9】 夫妻共同在天津市购买首套住房，正在还贷，后来男方到北京工作并租房，可选择以下三种扣除方法：

(1) 男方每月扣除住房贷款利息1000元，女方不扣除；

(2) 女方每月扣除住房贷款利息1000元，男方不扣除；

(3) 男方每月扣除租房租金1500元。

但不能男方扣除租房租金，女方扣除住房贷款利息。

既在非主要工作城市有房贷利息，又在直辖市、省会城市、计划单列市、市辖区户籍人口超过100万的其他城市租房，显然选择扣除租房租金更合适。

3.1.5.5 留存资料

纳税人应当留存住房租赁合同、协议等有关资料备查。

3.1.6 赡养老人

3.1.6.1 概述

国发〔2018〕41号文件第二十二条规定：“纳税人赡养一位及以上被赡养人的赡养支出，统一按照以下标准定额扣除：（一）纳税人为独生子女的，按照每月2000元的标准定额扣除；（二）纳税人为非独生子女的，由其与兄弟姐妹分摊每月2000元的扣除额度，每人分摊的额度不能超过每月1000元。可以由赡养人均摊或者约定分摊，也可以由被赡养人指定分摊。约定或者指定分摊的须签订书面分摊协议，指定分摊优先于约定分摊。具体分摊方式和额度在一个纳税年度内不能变更。”

3.1.6.2 赡养老人支出可以扣除的情况

赡养支出可以扣除的情况主要包括：

（1）任意一个老人年满60岁，子女就可以扣除。

（2）无论老人有无经济来源，子女都可以扣除。

（3）父母已去世，实际承担对祖父母、外祖父母赡养义务的孙子女、外孙子女可以扣除。

（4）生父母有两个子女，将其中一个过继给养父母，养父母家没有其他子女，被过继的子女在新家庭中属于独生子女。留在原家庭的孩子，如没有兄弟姐妹与其一起承担赡养生父母的义务，也可以按照独生子女标准享受扣除。

（5）非独生子女的兄弟姐妹均已去世，其可在第二年按照独生子女标准享受扣除。

3.1.6.3 赡养老人支出不能扣除的情况

赡养老人支出不能扣除的情况主要包括：

（1）无论赡养几个老人，都只能每月扣除2000元。

（2）赡养岳父母，不能扣除。

（3）非独生子女，即使老人由一人赡养，也必须与其他子女分摊，不能实际赡养人全部扣除。

3.1.6.4 扣除方法

扣除时间为被赡养人年满60周岁的当月至赡养义务终止的年末。

纳税人为独生子女的，按照每月2000元的标准定额扣除；纳税人为非独生子女的，由其与兄弟姐妹分摊每月2000元的扣除额度，每人分摊的额度不能超过每月1000元。可以由赡养人均摊或者约定分摊，也可以由被赡养人指定分摊。约定或者指定分摊的须签订书面分摊协议，指定分摊优先于约定分摊。具体分摊方式和额度在一个纳税年度内不能变更。

与其他分摊方式不同的是，非独生子女的，赡养老人必须分摊，不能由一个子女全部扣除。即使有子女无收入，也必须分摊。与其他附加扣除可以选择分摊不同，赡养老人是强制分摊，若平价分摊，则无需签订书面分摊协议，若非平价分摊，则应签订书面分摊协议。

【例3－10】 某人的父亲于2019年9月年满60周岁，则该人2019年9月起每月可以扣除2000元，2019年全年可以扣除＝2000×4＝8000（元）；2020年全年可以扣除24000元；若该老人于2021年10月不幸离世，且无其他符合条件的老人，则该人2021年全年仍然可以扣除24000元；2022年及以后不能扣除。

【例3－11】 某老人有三个子女，可以有以下三种分摊方法：

（1）平均分摊：三个子女每人每月分别扣除666.67元，不用签订书面分摊协议。

（2）约定分摊：三个子女约定老大每月扣除1000元，老二、老三每月分别扣除500元；若老三没有收入，则约定老大、老二每月分别扣除1000元，老三扣除0元，应签订书面分摊协议。

（3）指定分摊：老人指定老二每月扣除1000元，老大每月扣除800元，老三每月扣除200元，应签订书面分摊协议。

指定分摊与约定分摊不一致的，以指定分摊为准。

3.1.6.5 留存资料

约定或指定分摊的书面分摊协议等资料。

3.1.7 申报征收

3.1.7.1 扣除时间

享受子女教育、继续教育、住房贷款利息或者住房租金、赡养老人专项附加扣除的纳税人，自符合条件开始，可以向支付工资、薪金所得的扣缴义务人提供上述专项附加扣除有关信息，由扣缴义务人在预扣预缴时扣除；也可以在次年3月1日至6月30日内，向汇缴地主管税务机关办理汇算清缴申报时扣除。

纳税人同时从两处以上取得工资、薪金所得，并由扣缴义务人办理上述专项附加扣除的，对同一专项附加扣除项目，一个纳税年度内，纳税人只能选择从其中一处扣除。

享受大病医疗专项附加扣除的纳税人，由其在次年3月1日至6月30日内，自行向汇算清缴地主管税务机关办理汇算清缴申报时扣除。

3.1.7.2 报送资料

纳税人向扣缴义务人提供专项附加扣除信息的，扣缴义务人按月预扣预缴税款时应当按照规定予以扣除，不得拒绝。

纳税人选择在扣缴义务人发放工资、薪金所得时享受专项附加扣除的，首次享受时应当填写并向扣缴义务人报送《扣除信息表》；纳税年度中间相关信息发生变化的，纳税人应当更新《扣除信息表》相应栏次，并及时报送给扣缴义务人。

更换工作单位的纳税人，需要由新任职、受雇扣缴义务人办理专项附加扣除的，应当在入职的当月，填写并向扣缴义务人报送《扣除信息表》。

纳税人次年需要由扣缴义务人继续办理专项附加扣除的，应当于每年12月份对次年享受专项附加扣除的内容进行确认，并报送至扣缴义务人。纳税人未及时确认的，扣缴义务人于次年1月起暂停扣除，待纳税人确认后再行办理专项附加扣除。

纳税人选择在汇算清缴申报时享受专项附加扣除的，应当填写并向汇算清缴地主管税务机关报送《扣除信息表》。

3.1.7.3 注意事项

专项附加扣除额一个纳税年度扣除不完的，不能结转以后年度扣除。

纳税人需要留存备查的相关资料应当留存5年。

专项附加扣除只能在工资、薪金所得预扣预缴时扣除。劳务报酬所得、稿酬所得、特许权使用费所得预扣预缴时不能享受专项附加扣除，只能待次年汇算清缴计算综合所得时再享受专项附加扣除。

利息、股息、红利所得，财产租赁所得，财产转让所得，偶然所得，不能享受扣除专项附加扣除；非居民个人，不能享受扣除专项附加扣除；取得经营所得的个人，只有在没有综合所得的情况下，才能享受专项附加扣除，且在办理汇算清缴时减除。

纳税人应当对报送的专项附加扣除信息的真实性、准确性、完整性负责。扣缴义务人发现纳税人提供的信息与实际情况不符的，可以要求纳税人修改，纳税人拒绝修改的，扣缴义务人应当报告税务机关。

3.2 过渡期个人所得税优惠政策

《个人所得税法》修订后有关优惠过渡期适用《财政部　税务总局关于个人所得税法修改后有关优惠政策衔接问题的通知》（财税〔2018〕164 号）。

3.2.1 全年一次性奖金

居民个人取得全年一次性奖金，符合《国家税务总局关于调整个人取得全年一次性奖金等计算征收个人所得税方法问题的通知》（国税发〔2005〕9 号）规定的，在 2021 年 12 月 31 日前，不并入当年综合所得，以全年一次性奖金收入除以 12 个月得到的数额，按照国税发〔2005〕9 号文件所附按月换算后的综合所得税率表（以下简称月度税率表），确定适用税率和速算扣除数，单独计算纳税。计算公式为：

应纳税额 = 全年一次性奖金收入 × 适用税率 − 速算扣除数

居民个人取得全年一次性奖金，也可以选择并入当年综合所得计算纳税。

自 2022 年 1 月 1 日起，居民个人取得全年一次性奖金，应并入当年综合所得计算缴纳个人所得税。

若选择不并入当年综合所得，单独计税，则：

计算税款时，第一步，按照全年一次性奖金除以 12 的商数，对照综合所得的月度税率表，查找适用税率（月税率）和速算扣除数；第二步，全年一次性奖金的收入全额，乘以查找的适用税率，减去对应的一个速算扣除数，即为应纳税额。

【例3-12】 某居民个人2019年的工资薪金所得（没有其他综合所得）为8万元，减除费用为6万元，自行缴纳“三险一金”为1.5万元，子女教育费专项附加扣除为1.2万元（1000元/月×12月），赡养老人专项附加扣除为2.4万元（2000元/月×12月），住房租赁专项附加扣除为1.8万元（1500元/月×12月），取得年终奖4万元。则：

（1）取得年终奖不并入当年综合所得。

①工资薪金所得（综合所得）缴纳个人所得税：8－（6＋1.5＋1.2＋2.4＋1.8）＝－4.9（万元），不需要缴纳个人所得税。

②年终奖所得缴纳个人所得税：

先确定税率：4÷12＝0.33（万元），适用税率为10%，速算扣除数为210元；

再计算年终奖所得缴纳个人所得税：40000×10%－210＝3790（元）。

③总共缴纳个人所得税＝0＋3790＝3790（元）

（2）取得年终奖并入当年综合所得。

工资薪金所得（综合所得）缴纳个人所得税：（8＋4）－（6＋1.5＋1.2＋2.4＋1.8）＝－0.9（万元），不需要缴纳个人所得税。

取得年终奖不并入当年综合所得缴纳个人所得税3790元；取得年终奖并入当年综合所得缴纳个人所得税0元，两者缴纳个人所得税相差3790元。

【例3-13】 某居民个人2019年的工资薪金所得（没有其他综合所得）为80万元，减除费用为6万元，自行缴纳“三险一金”15万元，子女教育费专项附加扣除为1.2万元（1000元/月×12月），赡养老人专项附加扣除为2.4万元（2000元/月×12月），住房租赁专项附加扣除为1.8万元（1500元/月×12月），取得年终奖40万元。则：

（1）取得年终奖不并入当年综合所得。

①工资薪金所得（综合所得）缴纳个人所得税：

80－（6＋15＋1.2＋2.4＋1.8）＝53.6（万元）

53.6×30% －5.292 =10.788（万元）

②年终奖所得缴纳个人所得税。

先确定税率：40÷12 =3.33（万元），适用税率为25%，速算扣除数为2660元；

再计算年终奖所得缴纳个人所得税：40×25% －0.266 =9.734（万元）。

③总共缴纳个人所得税 =10.788 +9.734 =20.522（万元）

（2）取得年终奖并入当年综合所得。

工资薪金所得（综合所得）缴纳个人所得税：

（80 +40） －（6 +15 +1.2 +2.4 +1.8） =93.6（万元）

93.6×35% －8.592 =24.168（万元）

取得年终奖不并入当年综合所得缴纳个人所得税20.522万元；取得年终奖并入当年综合所得缴纳个人所得税24.168元，两者缴纳个人所得税相差3.646万元。

对部分中低收入者而言，如将全年一次性奖金并入当年工资薪金所得，扣除基本减除费用、专项扣除、专项附加扣除等后，可能根本无需缴税或者缴纳很少税款。在此情况下，如果将全年一次性奖金采取单独计税方式，反而会产生应纳税款或者增加税负。同时，如单独适用全年一次性奖金政策，可能在税率换档时会出现税负突然增加的“临界点”现象。因此，财税〔2018〕164号文件专门规定，居民个人取得全年一次性奖金的，可以自行选择计税方式，请纳税人自行判断是否将全年一次性奖金并入综合所得计税。也请扣缴单位在发放奖金时注意把握，以便于纳税人享受减税红利。

3.2.2 上市公司股权激励

财税〔2018〕164号文件第二条第一项规定：

“居民个人取得股票期权、股票增值权、限制性股票、股权奖励等股权激励（以下简称股权激励），符合《财政部　国家税务总局关于个人股票期权所得征收个人所得税问题的通知》（财税〔2005〕35号）、《财政部　国家税务总局关于股票增值权所得和限制性股票所得征收个人所得税有关问题的通知》（财税〔2009〕5号）、《财政部 国家税务总局关于将国家自主创新示范区有关税收试点政策推广到全国范围实施的通知》（财税〔2015〕116号）第四条、《财政部 国家税务总局关于完善股权激励和技术入股有关所得税政策的通知》（财税〔2016〕101号）第四条第（一）项规定的相关条件的，在2021年12月31日前，不并入当年综合所得，全额单独适用综合所得税率表，计算纳税。计算公式为：

应纳税额 = 股权激励收入 × 适用税率 − 速算扣除数”

2019年实施新税制后，为保证税收政策延续性，对股权激励所得的计税方法给予3年过渡期，在过渡期内，对上市公司股权激励所得的税收政策暂维持不变。

由于改革后综合所得的税率表为年度税率表，股权激励所得直接适用年度税率表，客观上相当于原来按12个月分摊计税的政策效果。因此，在过渡期内，个人取得上市公司股权激励所得，不并入当年综合所得，全额单独适用综合所得税率表，计算纳税。

上述公式中的股权激励收入，为减除行权成本后的收入余额。

居民个人一个纳税年度内取得两次以上（含两次）股权激励的，应合并按上述规定计算纳税。

个人取得两次（项）以上股权激励所得时，将纳税年度内各次（项）股权激励所得合并，按照上述公式计算应纳税额，减去本年度此前股权激励所得已纳税额的差额，为本次（项）股权激励所得的应纳税额。

3.2.3 保险营销员、证券经纪人佣金收入

保险营销员、证券经纪人取得的佣金收入，属于劳务报酬所得，以不含增值税的收入减除20%的费用后的余额为收入额，收入额减去展业成本及附加税费后，并入当年综合所得，计算缴纳个人所得税。保险营销员、证券经纪人展业成本按照收入额的25%计算。扣缴义务人向保险营销员、证券经纪人支付佣金收入时，应按照《个人所得税扣缴申报管理办法（试行）》（国家税务总局公告2018年第61号）规定的累计预扣法计算预扣税款。

对保险营销员、证券经纪人取得的佣金收入，扣缴单位应当按照累计预扣法计算预扣个人所得税。结合《个人所得税法》及其实施条例有关规定，累计预扣法预扣预缴个人所得税的具体计算公式为：

本期应预扣预缴税额 =（累计预扣预缴应纳税所得额 × 预扣率 – 速算扣除数）– 累计减免税额 – 累计已预扣预缴税额

累计预扣预缴应纳税所得额 = 累计收入额 – 累计减除费用 – 累计其他扣除

其中，累计收入额按照不含增值税的收入减除20%的费用后的余额计算；累计减除费用按照5000元/月乘以纳税人当年截至本月在本单位的从业月份数计算；累计其他扣除按照展业成本、附加税费和依法确定的其他扣除之和计算，其中展业成本按照收入额的25%计算。

上述公式中的预扣率、速算扣除数，比照国家税务总局公告2018年第61号所附的《个人所得税预扣率表一》执行。

3.2.4 个人领取企业年金、职业年金

个人达到国家规定的退休年龄，领取的企业年金、职业年金，符合《财政部 人力资源社会保障部 国家税务总局关于企业年金 职业年金个人所得税有关问题的通知》（财税〔2013〕103号）规定的，不并入综合所得，全额单独计算应纳税款。其中按月领取的，适用月度税率表计算纳税；按季领取的，平均分摊计入各月，按每月领取额适用月度税率表计算纳税；按年领取的，适用综合所得税率表计算纳税。

个人因出境定居而一次性领取的年金个人账户资金，或个人死亡后，其指定的受益人或法定继承人一次性领取的年金个人账户余额，适用综合所得税率表计算纳税。对个人除上述特殊原因外一次性领取年金个人账户资金或余额的，适用月度税率表计算纳税。

3.2.5 解除劳动关系、提前退休、内部退养的一次性补偿收入

3.2.5.1 解除劳动关系

个人与用人单位解除劳动关系取得一次性补偿收入（包括用人单位发放

的经济补偿金、生活补助费和其他补助费)，在当地上年职工平均工资3倍数额以内的部分，免征个人所得税；超过3倍数额的部分，不并入当年综合所得，单独适用综合所得税率表，计算纳税。

计算公式如下：

应纳税额＝超过3倍以上数额的一次性补偿金×适用税率－速算扣除数

与原政策相比，不再除以个人在本企业的工作年限数。

3.2.5.2　提前退休

个人办理提前退休手续而取得的一次性补贴收入，应按照办理提前退休手续至法定离退休年龄之间实际年度数平均分摊，确定适用税率和速算扣除数，单独适用综合所得税率表，计算纳税。计算公式：

应纳税额＝｛［(一次性补贴收入÷办理提前退休手续至法定退休年龄的实际年度数)－费用扣除标准］×适用税率－速算扣除数｝×办理提前退休手续至法定退休年龄的实际年度数

与原政策相比没有变化。

3.2.5.3　内部退养

个人办理内部退养手续而取得的一次性补贴收入，按照《国家税务总局关于个人所得税有关政策问题的通知》(国税发〔1999〕58号)规定计算纳税。

3.2.6　单位低价向职工售房

单位按低于购置或建造成本价格出售住房给职工，职工因此而少支出的差价部分，符合《财政部　国家税务总局关于单位低价向职工售房有关个人所得税问题的通知》(财税〔2007〕13号)第二条规定的，不并入当年综合所得，以差价收入除以12个月得到的数额，按照月度税率表确定适用税率和速算扣除数，单独计算纳税。计算公式为：

应纳税额＝职工实际支付的购房价款低于该房屋的购置或建造成本价格的差额×适用税率－速算扣除数

3.3 个人所得税主要税收优惠

3.3.1 社会保障类减免

3.3.1.1 工资、薪金

《个人所得税法》第四条第一款第三项、第四项规定，“按照国家统一规定发给的补贴、津贴”“福利费、抚恤金、救济金”免征个人所得税。

《个人所得税法实施条例》第十条规定：“个人所得税法第四条第一款第三项所称按照国家统一规定发给的补贴、津贴，是指按照国务院规定发给的政府特殊津贴、院士津贴，以及国务院规定免予缴纳个人所得税的其他补贴、津贴。”第十一条规定：“个人所得税法第四条第一款第四项所称福利费，是指根据国家有关规定，从企业、事业单位、国家机关、社会组织提留的福利费或者工会经费中支付给个人的生活补助费；所称救济金，是指各级人民政府民政部门支付给个人的生活困难补助费。”

《财政部　国家税务总局关于工伤职工取得的工伤保险待遇有关个人所得税政策的通知》（财税〔2012〕40号）规定：“对工伤职工及其近亲属按照《工伤保险条例》（国务院令第586号）规定取得的工伤保险待遇，免征个人所得税。本通知第一条所称的工伤保险待遇，包括工伤职工按照《工伤保险条例》（国务院令第586号）规定取得的一次性伤残补助金、伤残津贴、一次性工伤医疗补助金、一次性伤残就业补助金、工伤医疗待遇、住院伙食补助费、外地就医交通食宿费用、工伤康复费用、辅助器具费用、生活护理费等，以及职工因工死亡，其近亲属按照《工伤保险条例》（国务院令第586号）规定取得的丧葬补助金、供养亲属抚恤金和一次性工亡补助金等。”

《财政部　国家税务总局关于生育津贴和生育医疗费有关个人所得税政策的通知》（财税〔2008〕8号）第一条规定：“生育妇女按照县级以上人民政府根据国家有关规定制定的生育保险办法，取得的生育津贴、生育医疗费或其他属于生育保险性质的津贴、补贴，免征个人所得税。”

3.3.1.2　残疾、孤老人员和烈属

《个人所得税法》第五条第一款规定："残疾、孤老人员和烈属的所得"可减征个人所得税。

《国家税务总局关于明确残疾人所得征免个人所得税范围的批复》（国税函〔1999〕329号）规定："可减征个人所得税的残疾、孤老人员和烈属的所得仅限于劳动所得，具体所得项目为：工资、薪金所得；个体工商户的生产经营所得；对企事业单位的承包经营、承租经营所得；劳务报酬所得；稿酬所得；特许权使用费所得。税法第二条所列的其他各项所得，不属减征照顾的范围。"

3.3.1.3　退休人员

1. 普通退休人员

《个人所得税法》第四条第一款第七项规定："按照国家统一规定发给干部、职工的安家费、退职费、基本养老金或者退休费、离休费、离休生活补助费"免征个人所得税。

需要注意的是，《国家税务总局关于离退休人员取得单位发放离退休工资以外奖金补贴征收个人所得税的批复》（国税函〔2008〕723号）规定："离退休人员除按规定领取离退休工资或养老金外，另从原任职单位取得的各类补贴、奖金、实物，不属于《中华人民共和国个人所得税法》第四条规定可以免税的退休工资、离休工资、离休生活补助费。根据《中华人民共和国个人所得税法》及其实施条例的有关规定，离退休人员从原任职单位取得的各类补贴、奖金、实物，应在减除费用扣除标准后，按'工资、薪金所得'应税项目缴纳个人所得税。"

2. 高级专家

《财政部　国家税务总局关于个人所得税若干政策问题的通知》（财税字〔1994〕20号）第二条第七项规定："达到离休、退休年龄，但确因工作需要，适当延长离休退休年龄的高级专家（指享受国家发放的政府特殊津贴的专家、学者），其在延长离休退休期间的工资、薪金所得，视同退休工资、离休工资免征个人所得税。"

《财政部　国家税务总局关于高级专家延长离休退休期间取得工资薪金所

得有关个人所得税问题的通知》（财税〔2008〕7 号）对此解释道：财税字〔1994〕20 号文件第二条第（七）项所称延长离休退休年龄的高级专家是指享受国家发放的政府特殊津贴的专家、学者和中国科学院、中国工程院院士。

需要注意的是，对高级专家从其劳动人事关系所在单位取得的，单位按国家有关规定向职工统一发放的工资、薪金、奖金、津贴、补贴等收入，视同离休、退休工资，免征个人所得税；除此以外各种名目的津补贴收入等，以及高级专家从其劳动人事关系所在单位之外的其他地方取得的培训费、讲课费、顾问费、稿酬等各种收入，依法计征个人所得税。

3.3.1.4　军人军属

1. 复员费

《个人所得税法》第四条第一款第六项规定："军人的转业费、复员费、退役金"免征个人所得税。

2. 军转干部

《财政部　国家税务总局关于自主择业的军队转业干部有关税收政策问题的通知》（财税〔2003〕26 号）第一条规定："从事个体经营的军队转业干部，经主管税务机关批准，自领取税务登记证之日起，3 年内免征营业税和个人所得税。"

3. 退役士兵

详见"1.7.2.1　退役士兵"。

4. 随军家属

《财政部　国家税务总局关于随军家属就业有关税收政策的通知》（财税〔2000〕84 号）第二条规定："对从事个体经营的随军家属，自领取税务登记证之日起，3 年内免征营业税和个人所得税。"

3.3.1.5　创业就业

详见"1.7.2.2　重点群体"。

3.3.1.6　科技人员科技成果转化

《财政部　税务总局　科技部关于科技人员取得职务科技成果转化现金奖励有关个人所得税政策的通知》（财税〔2018〕58 号）第一条规定："依法批准设立的非营利性研究开发机构和高等学校（以下简称非营利性科研机构和

高校）根据《中华人民共和国促进科技成果转化法》（中华人民共和国主席令第六十八号）规定，从职务科技成果转化收入中给予科技人员的现金奖励，可减按50%计入科技人员当月‘工资、薪金所得’，依法缴纳个人所得税。”

需要注意的是，科研机构、高等学校转化职务科技成果以股份或出资比例等股权形式给予科技人员个人奖励，暂不征收个人所得税；以现金形式的奖励，减按50%纳税。不要混淆。

3.3.1.7　*破产*

《财政部　国家税务总局关于个人与用人单位解除劳动关系取得的一次性补偿收入征免个人所得税问题的通知》（财税〔2001〕157号）第三条规定：“企业依照国家有关法律规定宣告破产，企业职工从该破产企业取得的一次性安置费收入，免征个人所得税。”

3.3.2　住房类减免

3.3.2.1　*个人转让自用5年以上家庭唯一生活用房*

自用5年以上家庭唯一生活用房，即人们常说的“满五唯一”。

财税字〔1994〕20号文件第二条第（六）项规定，“个人转让自用达五年以上、并且是唯一的家庭生活用房取得的所得”暂免征收个人所得税。

《财政部　国家税务总局　建设部关于个人出售住房所得征收个人所得税有关问题的通知》（财税字〔1999〕278号）第四条规定：“对个人转让自用5年以上、并且是家庭唯一生活用房取得的所得、继续免征个人所得税。”

《国家税务总局关于个人转让房屋有关税收征管问题的通知》（国税发〔2007〕33号）第三条对此解释道：

“自用5年以上”，是指个人购房至转让房屋的时间达5年以上。

（1）个人购房日期的确定。个人按照国家房改政策购买的公有住房，以其购房合同的生效时间、房款收据开具日期或房屋产权证上注明的时间，依照孰先原则确定；个人购买的其他住房，以其房屋产权证注明日期或契税完税凭证注明日期，按照孰先原则确定。

（2）个人转让房屋的日期，以销售发票上注明的时间为准。

“家庭唯一生活用房”是指在同一省、自治区、直辖市范围内纳税人（有配偶的为夫妻双方）仅拥有一套住房。

需要注意的是，国税发〔2007〕33 号文件第二条规定："个人出售商业用房取得的所得，应按规定缴纳个人所得税，不得享受 1 年内换购住房退还保证金和自用 5 年以上的家庭唯一生活用房免税的政策。"

3.3.2.2 个人出租住房

《财政部 国家税务总局关于廉租住房 经济适用住房和住房租赁有关税收政策的通知》（财税〔2008〕24 号）第二条第（一）项规定："对个人出租住房取得的所得减按 10% 的税率征收个人所得税。"

需要注意的是，个人出租商业用房的所得不能减按 10% 税率征收个人所得税。

3.3.2.3 拆迁补偿

《财政部 国家税务总局关于城镇房屋拆迁有关税收政策的通知》（财税〔2005〕45 号）第一条规定："对被拆迁人按照国家有关城镇房屋拆迁管理办法规定的标准取得的拆迁补偿款，免征个人所得税。"

3.3.2.4 棚户区改造

《财政部 国家税务总局关于棚户区改造有关税收政策的通知》（财税〔2013〕101 号）第五条规定："个人取得的拆迁补偿款按有关规定免征个人所得税。"

3.3.2.5 易地扶贫搬迁

《财政部 国家税务总局关于易地扶贫搬迁税收优惠政策的通知》（财税〔2018〕135 号）第一条第（一）项规定："对易地扶贫搬迁贫困人口按规定取得的住房建设补助资金、拆旧复垦奖励资金等与易地扶贫搬迁相关的货币化补偿和易地扶贫搬迁安置住房（以下简称安置住房），免征个人所得税。"

3.3.2.6 公共租赁住房

《财政部 税务总局关于公共租赁住房税收优惠政策的公告》（财政部 税务总局公告 2019 年第 61 号）第六条规定，自 2019 年 1 月 1 日至 2020 年 12 月 31 日，"对符合地方政府规定条件的城镇住房保障家庭从地方政府领取的住房租赁补贴，免征个人所得税。"

3.3.3 资本类减免

3.3.3.1 国债利息

《个人所得税法》第四条第一款第二项规定：“国债和国家发行的金融债券利息”免征个人所得税。

《个人所得税法实施条例》第九条规定：“个人所得税法第四条第一款第二项所称国债利息，是指个人持有中华人民共和国财政部发行的债券而取得的利息；所称国家发行的金融债券利息，是指个人持有经国务院批准发行的金融债券而取得的利息。”

3.3.3.2 地方债利息

《财政部　国家税务总局关于地方政府债券利息免征所得税问题的通知》（财税〔2013〕5号）第一条规定：“对企业和个人取得的2012年及以后年度发行的地方政府债券利息收入，免征企业所得税和个人所得税。”

3.3.3.3 上市公司股息红利

《财政部　国家税务总局　证监会关于上市公司股息红利差别化个人所得税政策有关问题的通知》（财税〔2015〕101号）第一条规定：“个人从公开发行和转让市场取得的上市公司股票，持股期限超过1年的，股息红利所得暂免征收个人所得税。个人从公开发行和转让市场取得的上市公司股票，持股期限在1个月以内（含1个月）的，其股息红利所得全额计入应纳税所得额；持股期限在1个月以上至1年（含1年）的，暂减按50%计入应纳税所得额；上述所得统一适用20%的税率计征个人所得税。”

新三板股息红利差别化个人所得税政策，按照财税〔2015〕101号文件规定执行。

3.3.3.4 转让上市公司股票

《财政部　国家税务总局关于个人转让股票所得继续暂免征收个人所得税的通知》（财税字〔1998〕61号）规定：“从1997年1月1日起，对个人转让上市公司股票取得的所得继续暂免征收个人所得税。”

《财政部　国家税务总局　证监会关于个人转让上市公司限售股所得征收个人所得税有关问题的通知》（财税〔2009〕167号）第八条规定：“对个人

在上海证券交易所、深圳证券交易所转让从上市公司公开发行和转让市场取得的上市公司股票所得，继续免征个人所得税。”

3.3.3.5　转让新三板股票

《财政部　税务总局　证监会关于个人转让全国中小企业股份转让系统挂牌公司股票有关个人所得税政策的通知》（财税〔2018〕137 号）第一条规定：“自 2018 年 11 月 1 日（含）起，对个人转让新三板挂牌公司非原始股取得的所得，暂免征收个人所得税。本通知所称非原始股是指个人在新三板挂牌公司挂牌后取得的股票，以及由上述股票孳生的送、转股。”

3.3.3.6　新三板股息红利

《财政部　税务总局　证监会关于继续实施全国中小企业股份转让系统挂牌公司股息红利差别化个人所得税政策的公告》（财政部　税务总局　证监会公告 2019 年第 78 号）第一条规定，2019 年 7 月 1 日起至 2024 年 6 月 30 日，“个人持有挂牌公司的股票，持股期限超过 1 年的，对股息红利所得暂免征收个人所得税。个人持有挂牌公司的股票，持股期限在 1 个月以内（含 1 个月）的，其股息红利所得全额计入应纳税所得额；持股期限在 1 个月以上至 1 年（含 1 年）的，其股息红利所得暂减按 50% 计入应纳税所得额；上述所得统一适用 20% 的税率计征个人所得税。本公告所称挂牌公司是指股票在全国中小企业股份转让系统公开转让的非上市公众公司；持股期限是指个人取得挂牌公司股票之日至转让交割该股票之日前一日的持有时间。”

与原政策①不同的是，原政策规定持股期限超过 1 年的，暂减按 25% 计入应纳税所得额，新政策规定暂免征收个人所得税。

财政部、税务总局、证监会公告 2019 年第 78 号第二条规定：“挂牌公司派发股息红利时，对截至股权登记日个人持股 1 年以内（含 1 年）且尚未转让的，挂牌公司暂不扣缴个人所得税；待个人转让股票时，证券登记结算公司根据其持股期限计算应纳税额，由证券公司等股票托管机构从个人资金账户中扣收并划付证券登记结算公司，证券登记结算公司应于次月 5 个工作日

---

① 《财政部　国家税务总局　证监会关于实施全国中小企业股份转让系统挂牌公司股息红利差别化个人所得税政策有关问题的通知》（财税〔2014〕48 号），被财政部　税务总局　证监会公告 2019 年第 78 号废止。

内划付挂牌公司，挂牌公司在收到税款当月的法定申报期内向主管税务机关申报缴纳，并应办理全员全额扣缴申报。”

3.3.3.7　个人通过沪港通转让香港联交所上市股票

《财政部　国家税务总局　证监会关于沪港股票市场交易互联互通机制试点有关税收政策的通知》（财税〔2014〕81号）和《财政部　税务总局　证监会关于继续执行沪港股票市场交易互联互通机制有关个人所得税政策的通知》（财税〔2017〕78号）规定，对内地个人投资者通过沪港通投资香港联交所上市股票取得的转让差价所得，自2014年11月17日起至2019年12月4日止，暂免征收个人所得税。

3.3.3.8　个人通过深港通转让香港联交所上市股票

《财政部　国家税务总局　证监会关于深港股票市场交易互联互通机制试点有关税收政策的通知》（财税〔2016〕127号）规定，对内地个人投资者通过深港通投资香港联交所上市股票取得的转让差价所得，自2016年12月5日起至2019年12月4日止，暂免征收个人所得税。

3.3.3.9　证券交易结算资金利息

《财政部　国家税务总局关于证券市场个人投资者证券交易结算资金利息所得有关个人所得税政策的通知》（财税〔2008〕140号）规定：“自2008年10月9日起，对证券市场个人投资者取得的证券交易结算资金利息所得，暂免征收个人所得税，即证券市场个人投资者的证券交易结算资金在2008年10月9日后（含10月9日）孳生的利息所得，暂免征收个人所得税。”

3.3.3.10　“三费一金”利息

《财政部　国家税务总局关于住房公积金、医疗保险金、基本养老保险金、失业保险基金个人账户存款利息所得免征个人所得税的通知》（财税字〔1999〕267号）规定，国家或省级地方政府规定的比例缴付的下列专项基金或资金存入银行个人账户所取得的利息收入免征个人所得税：①住房公积金；②医疗保险金；③基本养老保险金；④失业保险基金。

3.3.3.11　股权分置改革中非流通股股东向流通股股东支付对价

《财政部　国家税务总局关于股权分置试点改革有关税收政策问题的通知》（财税〔2005〕103号）第二条规定：“股权分置改革中非流通股股东通

过对价方式向流通股股东支付的股份、现金等收入，暂免征收流通股股东应缴纳的企业所得税和个人所得税。”

3.3.3.12 储蓄存款利息

《财政部　国家税务总局关于储蓄存款利息所得有关个人所得税政策的通知》（财税〔2008〕132号）规定：“自2008年10月9日起，对储蓄存款利息所得暂免征收个人所得税。”

3.3.3.13 天使投资人

《财政部　税务总局关于创业投资企业和天使投资个人有关税收政策的通知》（财税〔2018〕55号）规定，天使投资个人采取股权投资方式直接投资于初创科技型企业满2年的，可以按照投资额的70%抵扣转让该初创科技型企业股权取得的应纳税所得额；当期不足抵扣的，可以在以后取得转让该初创科技型企业股权的应纳税所得额时结转抵扣。

天使投资个人投资多个初创科技型企业的，对其中办理注销清算的初创科技型企业，天使投资个人对其投资额的70%尚未抵扣完的，可自注销清算之日起36个月内抵扣天使投资个人转让其他初创科技型企业股权取得的应纳税所得额。

享受优惠政策的天使投资个人，应同时符合以下条件：

（1）不属于被投资初创科技型企业的发起人、雇员或其亲属（包括配偶、父母、子女、祖父母、外祖父母、孙子女、外孙子女、兄弟姐妹，下同），且与被投资初创科技型企业不存在劳务派遣等关系；

（2）投资后2年内，本人及其亲属持有被投资初创科技型企业股权比例合计应低于50%。

3.3.4 奖金类减免

3.3.4.1 省、部、军级奖金

《个人所得税法》第四条第一款第一项规定，“省级人民政府、国务院部委和中国人民解放军军以上单位，以及外国组织、国际组织颁发的科学、教育、技术、文化、卫生、体育、环境保护等方面的奖金”免征个人所得税。

财税字〔1994〕20号文件第二条第（四）项规定，“个人举报、协查各种违法、犯罪行为而获得的奖金”暂免征收个人所得税。

需要注意的是，免征个人所得税奖金的级别，省级以下的奖金如无特殊规定，不免征个人所得税。

3.3.4.2　中奖不超过万元的福彩、体彩

《国家税务总局关于社会福利有奖募捐发行收入税收问题的通知》（国税发〔1994〕127号）第二条规定：“对个人购买社会福利有奖募捐奖券一次中奖收入不超过10000元的暂免征收个人所得税，对一次中奖收入超过10000元的，应按税法规定全额征税。”

《财政部　国家税务总局关于个人取得体育彩票中奖所得征免个人所得税问题的通知》（财税字〔1998〕12号）规定：“对个人购买体育彩票中奖收入的所得税政策作如下调整：凡一次中奖收入不超过1万元的，暂免征收个人所得税；超过1万元的，应按税法规定全额征收个人所得税。”

3.3.4.3　见义勇为奖金

《财政部　国家税务总局关于发给见义勇为者的奖金免征个人所得税问题的通知》（财税字〔1995〕25号）规定：“对乡、镇（含乡、镇）以上人民政府或经县（含县）以上人民政府主管部门批准成立的有机构、有章程的见义勇为基金会或者类似组织，奖励见义勇为者的奖金或奖品，经主管税务机关核准，免予征收个人所得税。”

3.3.4.4　奖学金

《财政部　国家税务总局关于教育税收政策的通知》（财税〔2004〕39号）第一条第十一项规定，对省级人民政府、国务院各部委和中国人民解放军军以上单位，以及外国组织、国际组织颁布的教育方面的奖学金，免征个人所得税。

3.3.4.5　发票中奖

《财政部　国家税务总局关于个人取得有奖发票奖金征免个人所得税问题的通知》（财税〔2007〕34号）第一条规定，个人取得单张有奖发票奖金所得不超过800元（含800元）的，暂免征收个人所得税。

3.3.4.6　举报违法犯罪奖金

财税字〔1994〕20号文件第二条第（四）项规定，“个人举报、协查各

种违法、犯罪行为而获得的奖金”暂免征收个人所得税。

3.3.5 外籍个人

《个人所得税法》第四条第一款第八项规定，“依照有关法律规定应予免税的各国驻华使馆、领事馆的外交代表、领事官员和其他人员的所得”免征个人所得税。

财税字〔1994〕20号文件第二条规定，外籍个人取得下列所得，暂免征收个人所得税：

（1）外籍个人以非现金形式或实报实销形式取得的住房补贴、伙食补贴、搬迁费、洗衣费。

（2）外籍个人按合理标准取得的境内、外出差补贴。

（3）外籍个人取得的探亲费、语言训练费、子女教育费等，经当地税务机关审核批准为合理的部分。

（4）外籍个人从外商投资企业取得的股息、红利所得。

（5）凡符合下列条件之一的外籍专家取得的工资、薪金所得可免征个人所得税：

①根据世界银行专项贷款协议由世界银行直接派往我国工作的外国专家；

②联合国组织直接派往我国工作的专家；

③为联合国援助项目来华工作的专家；

④援助国派往我国专为该国无偿援助项目工作的专家；

⑤根据两国政府签订文化交流项目来华工作两年以内的文教专家，其工资、薪金所得由该国负担的；

⑥根据我国大专院校国际交流项目来华工作两年以内的文教专家，其工资、薪金所得由该国负担的；

⑦通过民间科研协定来华工作的专家，其工资、薪金所得由该国政府机构负担的。

3.3.6 其他

3.3.6.1 法定减免

《个人所得税法》第四条第一款第五项规定，“保险赔款”免征个人所得税。

《个人所得税法》第四条第一款第九项规定，“中国政府参加的国际公约、签订的协议中规定免税的所得”免征个人所得税。

《个人所得税法》第五条第一款第二项规定，“因自然灾害遭受重大损失的”可减征个人所得税。

3.3.6.2 扣缴手续费

《个人所得税法》第十七条规定：“对扣缴义务人按照所扣缴的税款，付给百分之二的手续费。”

财税字〔1994〕20号文件第二条第五项规定，“个人办理代扣代缴税款手续，按规定取得的扣缴手续费”暂免征收个人所得税。

4 财产行为税优惠政策

本章主要讲解“六税两费”的减征及城镇土地使用税、房产税等财产行为税优惠政策。

4.1 “六税两费”减征

4.1.1 政策规定

《财政部　税务总局关于实施小微企业普惠性税收减免政策的通知》（财税〔2019〕13号）第三条规定：“由省、自治区、直辖市人民政府根据本地区实际情况，以及宏观调控需要确定，对增值税小规模纳税人可以在50%的税额幅度内减征资源税、城市维护建设税、房产税、城镇土地使用税、印花税（不含证券交易印花税）、耕地占用税和教育费附加、地方教育附加。”

目前，全国所有省、自治区、直辖市均已按照50%幅度内减征“六税两费”。

《国家税务总局关于增值税小规模纳税人地方税种和相关附加减征政策有关征管问题的公告》（国家税务总局公告2019年第5号）第二条规定：“缴纳资源税、城市维护建设税、房产税、城镇土地使用税、印花税、耕地占用税、教育费附加和地方教育附加的增值税一般纳税人按规定转登记为小规模纳税人的，自成为小规模纳税人的当月起适用减征优惠。增值税小规模纳税人按规定登记为一般纳税人的，自一般纳税人生效之日起不再适用减征优惠；增值税年应税销售额超过小规模纳税人标准应当登记为一般纳税人而未登记，经税务机关通知，逾期仍不办理登记的，自逾期次月起不再适用减征优惠。”

“六税两费”减征仅限于增值税小规模纳税人，一般纳税人不能享受。一般纳税人转登记为小规模纳税人的，自成为小规模纳税人的当月起适用减征优惠，小规模纳税人登记为一般纳税人的，自一般纳税人生效之日起不再适用减征优惠。

4.1.2　资料留存备查

《国家税务总局关于城镇土地使用税等“六税一费”优惠事项资料留存备查的公告》（国家税务总局公告 2019 年第 21 号）规定，除地方教育附加之外的“六税一费”优惠实行“自行判别、申报享受、有关资料留存备查”办理方式，申报时无需再向税务机关提供有关资料。纳税人根据具体政策规定自行判断是否符合优惠条件，符合条件的，纳税人申报享受税收优惠，并将有关资料留存备查。

需要注意的是，虽然享受优惠无须审批备案，但纳税人应对留存备查资料的真实性、合法性承担法律责任。

4.2　房产税主要税收优惠政策

4.2.1　推进去产能和调结构

《财政部　税务总局关于去产能和调结构房产税　城镇土地使用税政策的通知》（财税〔2018〕107 号）第一条规定，自 2018 年 10 月 1 日至 2020 年 12 月 31 日，“对按照去产能和调结构政策要求停产停业、关闭的企业，自停产停业次月起，免征房产税、城镇土地使用税。企业享受免税政策的期限累计不得超过两年。”

4.2.2　支持文化转制企业发展

《财政部　税务总局　中央宣传部关于继续实施文化体制改革中经营性文化事业单位转制为企业若干税收政策的通知》（财税〔2019〕16 号）第一条

第一款第二项规定："由财政部门拨付事业经费的文化单位转制为企业，自转制注册之日起五年内对其自用房产免征房产税。2018 年 12 月 31 日之前已完成转制的企业，自 2019 年 1 月 1 日起对其自用房产可继续免征五年房产税。"

4.2.3 支持农产品批发市场、农贸市场建设

《财政部　税务总局关于继续实行农产品批发市场　农贸市场房产税　城镇土地使用税优惠政策的通知》（财税〔2019〕12 号）规定，自 2019 年 1 月 1 日至 2021 年 12 月 31 日，对农产品批发市场、农贸市场（包括自有和承租，下同）专门用于经营农产品的房产、土地，暂免征收房产税和城镇土地使用税。对同时经营其他产品的农产品批发市场和农贸市场使用的房产、土地，按其他产品与农产品交易场地面积的比例确定征免房产税和城镇土地使用税。

农产品批发市场和农贸市场，是指经工商登记注册，供买卖双方进行农产品及其初加工品现货批发或零售交易的场所。农产品包括粮油、肉禽蛋、蔬菜、干鲜果品、水产品、调味品、棉麻、活畜、可食用的林产品以及由省、自治区、直辖市财税部门确定的其他可食用的农产品。

享受上述税收优惠的房产、土地，是指农产品批发市场、农贸市场直接为农产品交易提供服务的房产、土地。农产品批发市场、农贸市场的行政办公区、生活区，以及商业餐饮娱乐等非直接为农产品交易提供服务的房产、土地，不属于本通知规定的优惠范围，应按规定征收房产税和城镇土地使用税。

4.2.4 支持国家级、省级科技企业孵化器，大学科技园和众创空间发展

《财政部　税务总局　科技部　教育部关于科技企业孵化器　大学科技园和众创空间税收政策的通知》（财税〔2018〕120 号）第一条规定："自 2019 年 1 月 1 日至 2021 年 12 月 31 日，对国家级、省级科技企业孵化器、大学科技园和国家备案众创空间自用以及无偿或通过出租等方式提供给在孵对象使用的房产、土地，免征房产税和城镇土地使用税。"

4.2.5 支持居民供热采暖

《财政部 税务总局关于延续供热企业增值税 房产税 城镇土地使用税优惠政策的通知》（财税〔2019〕38号）第二条规定："自2019年1月1日至2020年12月31日，对向居民供热收取采暖费的供热企业，为居民供热所使用的厂房及土地免征房产税、城镇土地使用税；对供热企业其他厂房及土地，应当按照规定征收房产税、城镇土地使用税。"

对专业供热企业，按其向居民供热取得的采暖费收入占全部采暖费收入的比例，计算免征的房产税、城镇土地使用税。

对兼营供热企业，视其供热所使用的厂房及土地与其他生产经营活动所使用的厂房及土地是否可以区分，按照不同方法计算免征的房产税、城镇土地使用税。可以区分的，对其供热所使用厂房及土地，按向居民供热取得的采暖费收入占全部采暖费收入的比例，计算免征的房产税、城镇土地使用税。难以区分的，对其全部厂房及土地，按向居民供热取得的采暖费收入占其营业收入的比例，计算免征的房产税、城镇土地使用税。

对自供热单位，按向居民供热建筑面积占总供热建筑面积的比例，计算免征供热所使用的厂房及土地的房产税、城镇土地使用税。

4.2.6 支持农村饮水安全工程建设

《财政部 税务总局关于继续实行农村饮水安全工程税收优惠政策的公告》（财政部 税务总局公告2019年第67号）第三条规定，自2019年1月1日至2020年12月31日"对饮水工程运营管理单位自用的生产、办公用房产、土地，免征房产税、城镇土地使用税。"

4.2.7 公共租赁住房

《财政部 税务总局关于公共租赁住房税收优惠政策的公告》（财政部 税务总局公告2019年第61号）第七条规定，自2019年1月1日至2020年12月31日，"对公租房免征房产税。"

4.2.8 支持社区家庭服务业发展

《财政部　税务总局　发展改革委　民政部　商务部　卫生健康委关于养老、托育、家政等社区家庭服务业税费优惠政策的公告》（财政部　税务总局　发展改革委　民政部　商务部　卫生健康委公告2019年第76号）规定，2019年6月1日至2025年12月31日，为社区提供养老、托育、家政等服务的机构自有或其通过承租、无偿使用等方式取得并用于提供社区养老、托育、家政服务的房产、土地，免征房产税、城镇土地使用税。

相关条件详见“1.7.8　支持养老、托育、家政等社区家庭服务业发展”。

4.3 城镇土地使用税主要税收优惠政策

4.3.1 推进去产能和调结构

详见“4.2.1　推进去产能和调结构”。

4.3.2 支持棚户区改造项目

《财政部　国家税务总局关于棚户区改造有关税收政策的通知》（财税〔2013〕101号）第一条规定：“对改造安置住房建设用地免征城镇土地使用税。”

在商品住房等开发项目中配套建造安置住房的，依据政府部门出具的相关材料、房屋征收（拆迁）补偿协议或棚户区改造合同（协议），按改造安置住房建筑面积占总建筑面积的比例免征城镇土地使用税。

4.3.3 支持易地扶贫搬迁

《财政部　国家税务总局关于易地扶贫搬迁税收优惠政策的通知》（财税〔2018〕135号）第二条第三项规定：“对安置住房用地，免征城镇土地使用税。”

4.3.4 支持农产品批发市场、农贸市场建设

详见“4.2.3 支持农产品批发市场、农贸市场建设”。

4.3.5 支持国家级、省级科技企业孵化器，大学科技园和众创空间发展

详见“4.2.4 支持国家级、省级科技企业孵化器，大学科技园和众创空间发展”。

4.3.6 支持居民供热采暖

详见“4.2.5 支持居民供热采暖”。

4.3.7 支持农村饮水安全工程建设

详见“4.2.6 支持农村饮水安全工程建设”。

4.3.8 支持公共租赁住房建设

财政部、税务总局公告2019年第61号第一条规定，自2019年1月1日至2020年12月31日，“对公租房建设期间用地及公租房建成后占地，免征城镇土地使用税。在其他住房项目中配套建设公租房，按公租房建筑面积占总建筑面积的比例免征建设、管理公租房涉及的城镇土地使用税。”

4.4 契税主要税收优惠政策

4.4.1 支持棚户区改造项目

财税〔2013〕101号文件第四条规定：“个人首次购买90平方米以下改造安置住房，按1%的税率计征契税；购买超过90平方米，但符合普通住房标准的改造安置住房，按法定税率减半计征契税。”

4.4.2 支持易地扶贫搬迁

财税〔2018〕135号文件第一条第二项规定：“对易地扶贫搬迁贫困人口

按规定取得的安置住房，免征契税。”第二条第一项规定：“对易地扶贫搬迁项目实施主体（以下简称项目实施主体）取得用于建设安置住房的土地，免征契税、印花税。”第五项规定：“对项目实施主体购买商品住房或者回购保障性住房作为安置住房房源的，免征契税、印花税。”

4.4.3 支持农村饮水安全工程建设

财政部、税务总局公告2019年第67号第一条规定，自2019年1月1日至2020年12月31日，“对饮水工程运营管理单位为建设饮水工程而承受土地使用权，免征契税。”

4.4.4 支持公共租赁住房建设

财政部、税务总局公告2019年第61号第三条规定，自2019年1月1日至2020年12月31日，“对公租房经营管理单位购买住房作为公租房，免征契税。”

4.4.5 支持社区家庭服务业发展

财政部、税务总局、发展改革委、民政部、商务部、卫生健康委公告2019年第76号规定，2019年6月1日至2025年12月31日，承受房屋、土地用于提供社区养老、托育、家政服务的，免征契税。

相关条件详见“1.7.8　支持养老、托育、家政等社区家庭服务业发展”。

4.4.6 支持企业改制重组

《财政部　税务总局关于继续支持企业　事业单位改制重组有关契税政策的通知》（财税〔2018〕17号）规定，自2018年1月1日起至2020年12月31日，企业、事业单位改制重组涉及的契税政策如下：

1. 企业改制

企业按照《中华人民共和国公司法》有关规定整体改制，包括非公司制企业改制为有限责任公司或股份有限公司，有限责任公司变更为股份有限公司，股份有限公司变更为有限责任公司，原企业投资主体存续并在改制（变更）后的公司中所持股权（股份）比例超过75%，且改制（变更）后公司承继原企业权利、义务的，对改制（变更）后公司承受原企业土地、房屋权属，免征契税。

2. 事业单位改制

事业单位按照国家有关规定改制为企业，原投资主体存续并在改制后企业中出资（股权、股份）比例超过50%的，对改制后企业承受原事业单位土地、房屋权属，免征契税。

3. 公司合并

两个或两个以上的公司，依照法律规定、合同约定，合并为一个公司，且原投资主体存续的，对合并后公司承受原合并各方土地、房屋权属，免征契税。

4. 公司分立

公司依照法律规定、合同约定分立为两个或两个以上与原公司投资主体相同的公司，对分立后公司承受原公司土地、房屋权属，免征契税。

5. 企业破产

企业依照有关法律法规规定实施破产，债权人（包括破产企业职工）承受破产企业抵偿债务的土地、房屋权属，免征契税；对非债权人承受破产企业土地、房屋权属，凡按照《中华人民共和国劳动法》等国家有关法律法规政策妥善安置原企业全部职工规定，与原企业全部职工签订服务年限不少于3年的劳动用工合同的，对其承受所购企业土地、房屋权属，免征契税；与原企业超过30%的职工签订服务年限不少于3年的劳动用工合同的，减半征收契税。

6. 资产划转

对承受县级以上人民政府或国有资产管理部门按规定进行行政性调整、划转国有土地、房屋权属的单位，免征契税。

同一投资主体内部所属企业之间土地、房屋权属的划转，包括母公司与其全资子公司之间，同一公司所属全资子公司之间，同一自然人与其设立的个人独资企业、一人有限公司之间土地、房屋权属的划转，免征契税。

母公司以土地、房屋权属向其全资子公司增资，视同划转，免征契税。

7. 债权转股权

经国务院批准实施债权转股权的企业，对债权转股权后新设立的公司承受原企业的土地、房屋权属，免征契税。

8.　划拨用地出让或作价出资

以出让方式或国家作价出资（入股）方式承受原改制重组企业、事业单位划拨用地的，不属上述规定的免税范围，对承受方应按规定征收契税。

9. 公司股权（股份）转让

在股权（股份）转让中，单位、个人承受公司股权（股份），公司土地、房屋权属不发生转移，不征收契税。

4.5　土地增值税主要税收优惠政策

4.5.1　支持棚户区改造项目

财税〔2013〕101 号文件第二条规定：“企事业单位、社会团体以及其他组织转让旧房作为改造安置住房房源且增值额未超过扣除项目金额 20% 的，免征土地增值税。”

4.5.2　支持公共租赁住房建设

财政部、税务总局公告 2019 年第 61 号第四条规定，自 2019 年 1 月 1 日至 2020 年 12 月 31 日，“对企事业单位、社会团体以及其他组织转让旧房作为公租房房源，且增值额未超过扣除项目金额 20% 的，免征土地增值税”。

4.5.3　支持企业改制重组

《财政部　税务总局关于继续实施企业改制重组有关土地增值税政策的通知》（财税〔2018〕57 号）规定，自 2018 年 1 月 1 日至 2020 年 12 月 31 日，企业在改制重组过程中涉及的土地增值税政策如下：

（1）按照《中华人民共和国公司法》的规定，非公司制企业整体改制为有限责任公司或者股份有限公司，有限责任公司（股份有限公司）整体改制为股份有限公司（有限责任公司），对改制前的企业将国有土地使用权、地上的建筑物及其附着物（以下称房地产）转移、变更到改制后的企业，暂不征土地增值税。

所称整体改制，是指不改变原企业的投资主体，并承继原企业权利、义务的行为。

（2）按照法律规定或者合同约定，两个或两个以上企业合并为一个企业，且原企业投资主体存续的，对原企业将房地产转移、变更到合并后的企业，暂不征土地增值税。

（3）按照法律规定或者合同约定，企业分设为两个或两个以上与原企业投资主体相同的企业，对原企业将房地产转移、变更到分立后的企业，暂不征土地增值税。

（4）单位、个人在改制重组时以房地产作价入股进行投资，对其将房地产转移、变更到被投资的企业，暂不征土地增值税。

（5）上述改制重组有关土地增值税政策不适用于房地产转移任意一方为房地产开发企业的情形。

（6）企业改制重组后再转让国有土地使用权并申报缴纳土地增值税时，应以改制前取得该宗国有土地使用权所支付的地价款和按国家统一规定缴纳的有关费用，作为该企业“取得土地使用权所支付的金额”扣除。企业在改制重组过程中经省级以上（含省级）国土管理部门批准，国家以国有土地使用权作价出资入股的，再转让该宗国有土地使用权并申报缴纳土地增值税时，应以该宗土地作价入股时省级以上（含省级）国土管理部门批准的评估价格，作为该企业“取得土地使用权所支付的金额”扣除。办理纳税申报时，企业应提供该宗土地作价入股时省级以上（含省级）国土管理部门的批准文件和批准的评估价格，不能提供批准文件和批准的评估价格的，不得扣除。

（7）企业在申请享受上述土地增值税优惠政策时，应向主管税务机关提交房地产转移双方营业执照、改制重组协议或等效文件，相关房地产权属和价值证明、转让方改制重组前取得土地使用权所支付地价款的凭据（复印件）等书面材料。

（8）所称不改变原企业投资主体、投资主体相同，是指企业改制重组前后出资人不发生变动，出资人的出资比例可以发生变动；投资主体存续，是指原企业出资人必须存在于改制重组后的企业，出资人的出资比例可以发生变动。

4.6 印花税主要税收优惠政策

4.6.1 支持棚户区改造项目

财税〔2013〕101号文件第一条规定："对改造安置住房经营管理单位、开发商与改造安置住房相关的印花税以及购买安置住房的个人涉及的印花税予以免征。"

4.6.2 支持易地扶贫搬迁

财税〔2018〕135号文件第二条第二项规定："对安置住房建设和分配过程中应由项目实施主体、项目单位缴纳的印花税，予以免征。"

其他详见"4.4.2　支持易地扶贫搬迁"。

4.6.3 促进融资租赁业发展

《财政部　国家税务总局关于融资租赁合同有关印花税政策的通知》（财税〔2015〕144号）第二条规定："在融资性售后回租业务中，对承租人、出租人因出售租赁资产及购回租赁资产所签订的合同，不征收印花税。"

4.6.4 营业账簿减免印花税

《财政部　税务总局关于对营业账簿减免印花税的通知》（财税〔2018〕50号）规定："自2018年5月1日起，对按万分之五税率贴花的资金账簿减半征收印花税，对按件贴花五元的其他账簿免征印花税。"

4.6.5 支持农村饮水安全工程建设

财政部、税务总局公告2019年第67号第二条规定，自2019年1月1日至2020年12月31日，“对饮水工程运营管理单位为建设饮水工程取得土地使用权而签订的产权转移书据，以及与施工单位签订的建设工程承包合同，免征印花税。”

4.6.6 支持公共租赁住房建设

财政部、税务总局公告2019年第61号第二条规定，自2019年1月1日至2020年12月31日，“对公租房经营管理单位免征建设、管理公租房涉及的印花税。在其他住房项目中配套建设公租房，按公租房建筑面积占总建筑面积的比例免征建设、管理公租房涉及的印花税。”第三条规定：“对公租房经营管理单位购买住房作为公租房，免征印花税；对公租房租赁双方免征签订租赁协议涉及的印花税。”

5 社会保险费调减政策

5.1 降低养老保险单位缴费比例

《国务院办公厅关于印发降低社会保险费率综合方案的通知》（国办发〔2019〕13 号）规定，自 2019 年 5 月 1 日起，降低城镇职工基本养老保险（包括企业和机关事业单位基本养老保险，以下简称养老保险）单位缴费比例。各省、自治区、直辖市及新疆生产建设兵团（以下统称省）养老保险单位缴费比例高于 16% 的，可降至 16%；目前低于 16% 的，要研究提出过渡办法。

此次是降低城镇职工基本养老保险单位缴费比例，企业职工个人缴费比例维持 8%，保持不变。

5.2 降低失业保险、工伤保险费率

自 2019 年 5 月 1 日起，实施失业保险总费率 1% 的省，延长阶段性降低失业保险费率的期限至 2020 年 4 月 30 日。

自 2019 年 5 月 1 日起，延长阶段性降低工伤保险费率的期限至 2020 年 4 月 30 日，工伤保险基金累计结余可支付月数在 18 ~ 23 个月的统筹地区可以现行费率为基础下调 20%，累计结余可支付月数在 24 个月以上的统筹地区可以现行费率为基础下调 50%。

5.3 调整社会保险缴费基数

5.3.1 调整就业人员平均工资计算口径

此次社会保险费改革，有两大重点，一是降费率，二是降费基。除了费率，缴费基数也是影响企业和个人社会保险缴费负担的重要参数。国办发〔2019〕13号文件规定，各省应以本省城镇非私营单位就业人员平均工资和城镇私营单位就业人员平均工资加权计算的全口径城镇单位就业人员平均工资，核定社会保险个人缴费基数上下限，合理降低部分参保人员和企业的社会保险缴费基数。

用人单位职工个人缴纳职工基本养老保险费基数上下限分别为上年度全省就业人员月平均工资的60% ~300%。

原政策口径以非私营单位在岗职工平均工资来核定个人缴费基数上下限，现改为城镇非私营单位就业人员平均工资和城镇私营单位就业人员平均工资加权计算的全口径城镇单位就业人员平均工资，来核定社会保险个人缴费基数上下限。调整后，提高了下限水平，部分小微企业或劳动密集型企业，不少职工按照缴费基数下限缴费，企业缴费负担也可进一步减轻。

【例5-1】 假设某地区非私营单位在岗职工平均工资为6000元，计算口径调整后，全口径城镇单位就业人员平均工资为5000元。则随用人单位参保的职工个人缴费部分减少金额为：按照调整口径前缴费基数下限60%也就是3600元计算，按8%的比例缴费，应缴纳288元/月；调整后下限变为3000元，按8%的比例缴费，缴纳240元/月，每月可以少缴48元。按照调整口径前缴费基数上限300%也就是18000元计算，按8%的比例缴费，应缴纳1440元/月；调整后缴费基数变为15000元，按8%的比例缴费，缴纳1200元/月，每月可以少缴240元。单位缴费部分也相应地每人减少缴费负担240元/月至1200元/月。如下表所示：

项目		降率前	降率后	降费金额
平均工资		当地非私营单位在岗职工平均工资 6000 元	当地全口径城镇单位就业人员平均工资 5000 元	
缴费基数下限		6000 元 × 60% = 3600（元）	5000 元 × 60% = 3000（元）	
缴费基数上限		6000 元 × 300% = 18000（元）	5000 元 × 300% = 15000（元）	
个人	每月养老保险缴纳下限	3600 元 ×8% =288（元）	3000 元 ×8% =240（元）	288 元 - 240 元 = 48（元）
	每月养老保险缴纳上限	18000 元 × 8% = 1440（元）	15000 元 × 8% = 1200（元）	1440 元 - 1200 元 = 240（元）
单位	每月养老保险缴纳下限	3600 元 ×20% =720（元）	3000 元 ×16% =480（元）	720 元 - 480 元 = 240（元）
	每月养老保险缴纳上限	18000 元 × 20% = 3600（元）	15000 元 × 16% = 2400（元）	3600 元 - 2400 元 = 1200（元）

5.3.2 完善个体工商户和灵活就业人员缴费基数

个体工商户和灵活就业人员参加企业职工基本养老保险，可以在本省全口径城镇单位就业人员平均工资的 60% ~300% 选择适当的缴费基数。

对个体工商户和灵活就业人员而言，原政策规定是以本省上年度在岗职工月平均工资作为缴费基数，政策调整后，标准降低，选择范围也变大，选择低基数的可以进一步减轻缴费负担，收入较高的人员也可以选择较高的缴费基数，来提高自己退休后的养老金水平。如【例 5 - 1】，如为灵活就业人员，月缴费基数可从 6000 元改为以 3000 元下限缴费，则月缴费基数减少 3000 元，按 20% 比例缴费，月缴费负担相应减轻 600 元。

需要注意的是，降低社会保险费率有起始期限，调整缴费基数口径没有起始期限，执行时间由各省规定，各个地方的具体规定不完全一样。若所在省份的实施方案中规定追溯到 2019 年 1 月 1 日开始执行新的缴费基数政策，如果缴费人已经按照之前较高标准缴纳了社会保险费，可以向当地社会保险费征收部门咨询办理退（抵）费业务。

5.4　稳步推进社会保险费征收体制改革

企业职工基本养老保险和企业职工其他险种缴费，原则上暂按现行征收体制继续征收，稳定缴费方式，“成熟一省、移交一省”；机关事业单位社会保险费和城乡居民社会保险费征管职责如期划转。

国办发〔2019〕13号文件强调，妥善处理好企业历史欠费问题，在征收体制改革过程中不得自行对企业历史欠费进行集中清缴，不得采取任何增加小微企业实际缴费负担的做法，避免造成企业生产经营困难。

附　录

附录 1

2019 年最新增值税税率

<table>
<tr><td rowspan="5">小规模纳税人以及允许适用简易计税方式计税的一般纳税人</td><td colspan="2">简易计税</td><td>征收率</td></tr>
<tr><td colspan="2">小规模纳税人销售货物或者加工、修理修配劳务，销售应税服务、无形资产；一般纳税人发生按规定适用或者可以选择适用简易计税方法计税的特定应税行为，但适用 5% 征收率的除外</td><td>3%</td></tr>
<tr><td colspan="2">销售不动产；符合条件的经营租赁不动产（土地使用权）；转让营改增前取得的土地使用权；房地产开发企业销售、出租自行开发的房地产老项目；符合条件的不动产融资租赁；选择差额纳税的劳务派遣、安全保护服务；一般纳税人提供人力资源外包服务</td><td>5%</td></tr>
<tr><td colspan="2">个人出租住房，按照 5% 征收率减按 1.5% 计算应纳税额</td><td>5% 减按 1.5%</td></tr>
<tr><td colspan="2">纳税人销售旧货；小规模纳税人（不含其他个人）以及符合规定情形的一般纳税人销售自己使用过的固定资产，可依 3% 征收率减按 2% 征收增值税</td><td>3% 减按 2%</td></tr>
<tr><td rowspan="10">一般纳税人</td><td colspan="2">增值税项目</td><td>税率</td></tr>
<tr><td colspan="2">销售或者进口货物（另有列举的货物除外）；销售劳务</td><td>13%</td></tr>
<tr><td colspan="2">销售或者进口：
1. 粮食等农产品、食用植物油、食用盐；
2. 自来水、暖气、冷气、热水、煤气、石油液化气、天然气、二甲醚、沼气、居民用煤炭制品；
3. 图书、报纸、杂志、音像制品、电子出版物；
4. 饲料、化肥、农药、农机、农膜；
5. 国务院规定的其他货物</td><td>9%</td></tr>
<tr><td colspan="2">购进农产品进项税额扣除率</td><td>扣除率</td></tr>
<tr><td colspan="2">对增值税一般纳税人购进农产品，原适用 10% 扣除率的，扣除率调整为 9%</td><td>9%</td></tr>
<tr><td colspan="2">对增值税一般纳税人购进用于生产或者委托加工 13% 税率货物的农产品，按照 10% 扣除率计算进项税额</td><td>10%</td></tr>
<tr><td colspan="2">营改增项目</td><td>税率</td></tr>
<tr><td>交通运输服务</td><td>陆路运输服务、水路运输服务、航空运输服务（含航天运输服务）和管道服务、无运输工具承运业务</td><td>9%</td></tr>
<tr><td>邮政服务</td><td>邮政普通服务、邮政特殊服务、其他邮政服务</td><td>9%</td></tr>
</table>

续表

一般纳税人	营改增项目		税率
	电信服务	基础电信服务	9%
		增值电信服务	6%
	建筑服务	工程服务、安装服务、修缮服务、装饰服务和其他建筑服务	9%
	销售不动产	转让建筑物、构筑物等不动产所有权	9%
	金融服务	贷款服务、直接收费金融服务、保险服务和金融商品转让	6%
	现代服务	研发和技术服务	6%
		信息技术服务	
		文化创意服务	
		物流辅助服务	
		鉴证咨询服务	
		广播影视服务	
		商务辅助服务	
		其他现代服务	
		有形动产租赁服务	13%
		不动产租赁服务	9%
	生活服务	文化体育服务	6%
		教育医疗服务	
		旅游娱乐服务	
		餐饮住宿服务	
		居民日常服务	
		其他生活服务	
	销售无形资产	转让技术、商标、著作权、商誉、自然资源和其他权益性无形资产使用权或所有权	6%
		转让土地使用权	9%
纳税人	出口货物、服务、无形资产		税率
	纳税人出口货物（国务院另有规定的除外）		零税率
	境内单位和个人跨境销售国务院规定范围内的服务、无形资产		零税率
	销售货物、劳务，提供的跨境应税行为、符合免税条件的		免税
	境内单位和个人销售适用增值税零税率的服务或无形资产的，可以放弃适用增值税零税率，选择免税或按规定缴纳增值税。放弃适用增值税零税率后，36 个月内不得再申请适用增值税零税率		

资料来源：中国政府网 2019 年 3 月 31 日。

附录 2

部分税收优惠政策执行期限

税种	政策	执行时间	依据
增值税	16% 税率降为 13% 税率，10% 税率降为 9% 税率	2019 年 4 月 1 日起	《财政部　税务总局　海关总署关于深化增值税改革有关政策的公告》（财政部　税务总局　海关总署公告 2019 年第 39 号）
	购进国内旅客运输服务允许抵扣		
	购进不动产一次性抵扣		
	留抵退税		
	加计抵减	2019 年 4 月 1 日至 2021 年 12 月 31 日	
	先进制造业留抵退税	2019 年 6 月 1 日起	《财政部　税务总局关于明确部分先进制造业增值税期末留抵退税政策的公告》（财政部　税务总局公告 2019 年第 84 号）
	月销售额 10 万元以下（含本数）的增值税小规模纳税人免征增值税	2019 年 1 月 1 日至 2021 年 12 月 31 日	《财政部　税务总局关于实施小微企业普惠性税收减免政策的通知》（财税〔2019〕13 号）
	企业用于目标脱贫地区符合条件的扶贫捐赠，免征增值税	2019 年 1 月 1 日至 2022 年 12 月 31 日	《财政部　税务总局　国务院扶贫办关于扶贫货物捐赠免征增值税政策的公告》（财政部　税务总局　国务院扶贫办公告 2019 年第 55 号）
	销售电影拷贝收入、转让电影版权收入、电影发行收入以及在农村取得的电影放映收入，免征增值税	2019 年 1 月 1 日至 2023 年 12 月 31 日	《财政部　税务总局关于继续实施支持文化企业发展增值税政策的通知》（财税〔2019〕17 号）
	对广播电视运营服务企业收取的有线数字电视基本收视维护费和农村有线电视基本收视费		
	免征图书批发、零售环节增值税	2018 年 1 月 1 日至 2020 年 12 月 31 日	《财政部　税务总局关于延续宣传文化增值税优惠政策的通知》（财税〔2018〕53 号）
	饮水工程运营管理单位向农村居民提供生活用水取得的自来水销售收入，免征增值税	2019 年 1 月 1 日至 2020 年 12 月 31 日	《财政部　税务总局关于继续实行农村饮水安全工程税收优惠政策的公告》（财政部　税务总局公告 2019 年第 67 号）
	国家级、省级科技企业孵化器、大学科技园和国家备案众创空间向在孵对象提供孵化服务取得的收入，免征增值税	2019 年 1 月 1 日至 2021 年 12 月 31 日	《财政部　税务总局　科技部　教育部关于科技企业孵化器　大学科技园和众创空间税收政策的通知》（财税〔2018〕120 号）

续表

税种	政策	执行时间	依据
增值税	金融机构向小型企业、微型企业和个体工商户发放小额贷款取得的利息收入，免征增值税	2018年9月1日至2020年12月31日	《财政部 税务总局关于金融机构小微企业贷款利息收入免征增值税政策的通知》（财税〔2018〕91号）
	生产销售和批发、零售罕见病药品，可选择按照简易办法依照3%征收率计算缴纳增值税	2019年3月1日起	《财政部 海关总署 税务总局 药监局关于罕见病药品增值税政策的通知》（财税〔2019〕24号）
	生产销售和批发、零售抗癌药品，可选择按照简易办法依照3%征收率计算缴纳增值税	2018年5月1日起	《财政部 海关总署 税务总局 国家药品监督管理局关于抗癌药品增值税政策的通知》（财税〔2018〕47号）
	对国产抗艾滋病病毒药品免征生产环节和流通环节增值税	2019年1月1日至2020年12月31日	《财政部 国家税务总局关于延续免征国产抗艾滋病病毒药品增值税政策的公告》（财政部 税务总局公告2019年第73号）
	供热企业向居民个人供热取得的采暖费收入免征增值税	2019年1月1日至2020年供暖期结束	《财政部 税务总局关于延续供热企业增值税 房产税 城镇土地使用税优惠政策的通知》（财税〔2019〕38号）
	经营公租房所取得的租金收入，免征增值税	2019年1月1日至2020年12月31日	《财政部 税务总局关于公共租赁住房税收优惠政策的公告》（财政部 税务总局公告2019年第61号）
	医疗机构接受其他医疗机构委托符合条件的免征增值税	2019年2月1日至2020年12月31日	《财政部 税务总局关于明确养老机构免征增值税等政策的通知》（财税〔2019〕20号）
	企业集团内单位（含企业集团）之间的资金无偿借贷行为，免征增值税		
	为社区提供养老、托育、家政等服务的机构取得的收入，免征增值税	2019年6月1日至2025年12月31日	《财政部 税务总局 发展改革委 民政部 商务部 卫生健康委关于养老、托育、家政等社区家庭服务业税费优惠政策的公告》（财政部 税务总局 发展改革委 民政部 商务部 卫生健康委公告2019年第76号）
	边销茶免征增值税	2019年1月1日至2020年12月31日	《财政部 税务总局关于继续执行边销茶增值税政策的公告》（财政部 税务总局公告2019年第83号）

续表

税种	政策	执行时间	依据
企业所得税	小型微利企业减免税	2019 年 1 月 1 日至 2021 年 12 月 31 日	《财政部　税务总局关于实施小微企业普惠性税收减免政策的通知》（财税〔2019〕13 号）
	企业用于目标脱贫地区符合条件的扶贫捐赠支出，准予据实扣除	2019 年 1 月 1 日至 2022 年 12 月 31 日	《财政部　税务总局　国务院扶贫办关于企业扶贫捐赠所得税税前扣除政策的公告》（财政部　税务总局　国务院扶贫办公告 2019 年第 49 号）
	符合条件的从事污染防治的第三方企业减按 15% 的税率征收企业所得税	2019 年 1 月 1 日至 2021 年 12 月 31 日	《财政部　税务总局　国家发展改革委　生态环境部关于从事污染防治的第三方企业所得税政策问题的公告》（财政部　税务总局　国家发展改革委　生态环境部公告 2019 年第 60 号）
	所有企业的研发费用加计扣除比例提高至 75%	2018 年 1 月 1 日至 2020 年 12 月 31 日	《财政部　税务总局　科技部关于提高研究开发费用税前加计扣除比例的通知》（财税〔2018〕99 号）
	委托境外研发可以加计扣除	2018 年 1 月 1 日至 2020 年 12 月 31 日	《财政部　税务总局　科技部关于企业委托境外研究开发费用税前加计扣除有关政策问题的通知》（财税〔2018〕64 号）
	所有企业职工教育经费支出税前扣除限额提高至 8%	2018 年 1 月 1 日起	《财政部　税务总局关于企业职工教育经费税前扣除政策的通知》（财税〔2018〕51 号）
	高新技术企业和科技型中小企业亏损可结转以后 10 年弥补	2018 年 1 月 1 日起	《财政部　税务总局关于延长高新技术企业和科技型中小企业亏损结转年限的通知》（财税〔2018〕76 号）
	设备　器具一次性扣除	2018 年 1 月 1 日至 2020 年 12 月 31 日	《财政部　税务总局关于设备　器具扣除有关企业所得税政策的通知》（财税〔2018〕54 号）
	加速折旧扩大至全部制造业领域	2019 年 1 月 1 日至 2021 年 12 月 31 日	《财政部　税务总局关于扩大固定资产加速折旧优惠政策适用范围的公告》（财政部　税务总局公告 2019 年第 66 号）

续表

税种	政策	执行时间	依据
企业所得税	为社区提供养老、托育、家政等服务的机构取得的收入，在计算应纳税所得额时，减按90%计入收入总额	2019年6月1日至2025年12月31日	《财政部 税务总局 发展改革委 民政部 商务部 卫生健康委关于养老、托育、家政等社区家庭服务业税费优惠政策的公告》（财政部 税务总局 发展改革委 民政部 商务部 卫生健康委公告2019年第76号）
个人所得税	全年一次性奖金等过渡期政策	2019年1月1日至2021年12月31日	《财政部 税务总局关于个人所得税法修改后有关优惠政策衔接问题的通知》（财税〔2018〕164号）
“六税两费”	增值税小规模纳税人可以在50%的税额幅度内减征“六税两费”	2019年1月1日至2021年12月31日	《财政部 税务总局关于实施小微企业普惠性税收减免政策的通知》（财税〔2019〕13号）

附录 3

财政部　税务总局关于实施小微企业普惠性税收减免政策的通知

2019 年 1 月 17 日　财税〔2019〕13 号

各省、自治区、直辖市、计划单列市财政厅（局），新疆生产建设兵团财政局，国家税务总局各省、自治区、直辖市和计划单列市税务局：

为贯彻落实党中央、国务院决策部署，进一步支持小微企业发展，现就实施小微企业普惠性税收减免政策有关事项通知如下：

一、对月销售额 10 万元以下（含本数）的增值税小规模纳税人，免征增值税。

二、对小型微利企业年应纳税所得额不超过 100 万元的部分，减按 25% 计入应纳税所得额，按 20% 的税率缴纳企业所得税；对年应纳税所得额超过 100 万元但不超过 300 万元的部分，减按 50% 计入应纳税所得额，按 20% 的税率缴纳企业所得税。

上述小型微利企业是指从事国家非限制和禁止行业，且同时符合年度应纳税所得额不超过 300 万元、从业人数不超过 300 人、资产总额不超过 5000 万元等三个条件的企业。

从业人数，包括与企业建立劳动关系的职工人数和企业接受的劳务派遣用工人数。所称从业人数和资产总额指标，应按企业全年的季度平均值确定。具体计算公式如下：

季度平均值 =（季初值 + 季末值）÷2

全年季度平均值 = 全年各季度平均值之和 ÷4

年度中间开业或者终止经营活动的，以其实际经营期作为一个纳税年度确定上述相关指标。

三、由省、自治区、直辖市人民政府根据本地区实际情况，以及宏观调控需要确定，对增值税小规模纳税人可以在50%的税额幅度内减征资源税、城市维护建设税、房产税、城镇土地使用税、印花税（不含证券交易印花税）、耕地占用税和教育费附加、地方教育附加。

四、增值税小规模纳税人已依法享受资源税、城市维护建设税、房产税、城镇土地使用税、印花税、耕地占用税、教育费附加、地方教育附加其他优惠政策的，可叠加享受本通知第三条规定的优惠政策。

五、《财政部 税务总局关于创业投资企业和天使投资个人有关税收政策的通知》（财税〔2018〕55号）第二条第（一）项关于初创科技型企业条件中的“从业人数不超过200人”调整为“从业人数不超过300人”，“资产总额和年销售收入均不超过3000万元”调整为“资产总额和年销售收入均不超过5000万元”。

2019年1月1日至2021年12月31日期间发生的投资，投资满2年且符合本通知规定和财税〔2018〕55号文件规定的其他条件的，可以适用财税〔2018〕55号文件规定的税收政策。

2019年1月1日前2年内发生的投资，自2019年1月1日起投资满2年且符合本通知规定和财税〔2018〕55号文件规定的其他条件的，可以适用财税〔2018〕55号文件规定的税收政策。

六、本通知执行期限为2019年1月1日至2021年12月31日。《财政部 税务总局关于延续小微企业增值税政策的通知》（财税〔2017〕76号）、《财政部 税务总局关于进一步扩大小型微利企业所得税优惠政策范围的通知》（财税〔2018〕77号）同时废止。

七、各级财税部门要切实提高政治站位，深入贯彻落实党中央、国务院减税降费的决策部署，充分认识小微企业普惠性税收减免的重要意义，切实承担起抓落实的主体责任，将其作为一项重大任务，加强组织领导，精心筹划部署，不折不扣落实到位。要加大力度、创新方式，强化宣传辅导，优化纳税服务，增进办税便利，确保纳税人和缴费人实打实享受到减税降费的政策红利。要密切跟踪政策执行情况，加强调查研究，对政策执行中各方反映的突出问题和意见建议，要及时向财政部和税务总局反馈。

附录 4

财政部　税务总局　海关总署关于深化增值税改革有关政策的公告

2019 年 3 月 20 日　财政部　税务总局　海关总署公告 2019 年第 39 号

为贯彻落实党中央、国务院决策部署，推进增值税实质性减税，现将 2019 年增值税改革有关事项公告如下：

一、增值税一般纳税人（以下称纳税人）发生增值税应税销售行为或者进口货物，原适用 16% 税率的，税率调整为 13%；原适用 10% 税率的，税率调整为 9%。

二、纳税人购进农产品，原适用 10% 扣除率的，扣除率调整为 9%。纳税人购进用于生产或者委托加工 13% 税率货物的农产品，按照 10% 的扣除率计算进项税额。

三、原适用 16% 税率且出口退税率为 16% 的出口货物劳务，出口退税率调整为 13%；原适用 10% 税率且出口退税率为 10% 的出口货物、跨境应税行为，出口退税率调整为 9%。

2019 年 6 月 30 日前（含 2019 年 4 月 1 日前），纳税人出口前款所涉货物劳务、发生前款所涉跨境应税行为，适用增值税免退税办法的，购进时已按调整前税率征收增值税的，执行调整前的出口退税率，购进时已按调整后税率征收增值税的，执行调整后的出口退税率；适用增值税免抵退税办法的，执行调整前的出口退税率，在计算免抵退税时，适用税率低于出口退税率的，适用税率与出口退税率之差视为零参与免抵退税计算。

出口退税率的执行时间及出口货物劳务、发生跨境应税行为的时间，按照以下规定执行：报关出口的货物劳务（保税区及经保税区出口除外），以海关出口报关单上注明的出口日期为准；非报关出口的货物劳务、跨境应税行为，以出口发票或普通发票的开具时间为准；保税区及经保税区出口的货物，以货物离境时海关出具的出境货物备案清单上注明的出口日期为准。

四、适用13%税率的境外旅客购物离境退税物品，退税率为11%；适用9%税率的境外旅客购物离境退税物品，退税率为8%。

2019年6月30日前，按调整前税率征收增值税的，执行调整前的退税率；按调整后税率征收增值税的，执行调整后的退税率。

退税率的执行时间，以退税物品增值税普通发票的开具日期为准。

五、自2019年4月1日起，《营业税改征增值税试点有关事项的规定》（财税〔2016〕36号印发）第一条第（四）项第1点、第二条第（一）项第1点停止执行，纳税人取得不动产或者不动产在建工程的进项税额不再分2年抵扣。此前按照上述规定尚未抵扣完毕的待抵扣进项税额，可自2019年4月税款所属期起从销项税额中抵扣。

六、纳税人购进国内旅客运输服务，其进项税额允许从销项税额中抵扣。

（一）纳税人未取得增值税专用发票的，暂按照以下规定确定进项税额：

1. 取得增值税电子普通发票的，为发票上注明的税额；

2. 取得注明旅客身份信息的航空运输电子客票行程单的，为按照下列公式计算进项税额：

航空旅客运输进项税额 =（票价 + 燃油附加费）÷（1 +9%）×9%

3. 取得注明旅客身份信息的铁路车票的，为按照下列公式计算的进项税额：

铁路旅客运输进项税额 = 票面金额 ÷（1 +9%）×9%

4. 取得注明旅客身份信息的公路、水路等其他客票的，按照下列公式计算进项税额：

公路、水路等其他旅客运输进项税额 = 票面金额 ÷（1 +3%）×3%

（二）《营业税改征增值税试点实施办法》（财税〔2016〕36号印发）第二十七条第（六）项和《营业税改征增值税试点有关事项的规定》（财税〔2016〕36号印发）第二条第（一）项第5点中“购进的旅客运输服务、贷款服务、餐饮服务、居民日常服务和娱乐服务”修改为“购进的贷款服务、餐饮服务、居民日常服务和娱乐服务”。

七、自2019年4月1日至2021年12月31日，允许生产、生活性服务业纳税人按照当期可抵扣进项税额加计10%，抵减应纳税额（以下称加计抵减政策）。

（一）本公告所称生产、生活性服务业纳税人，是指提供邮政服务、电信服务、现代服务、生活服务（以下称四项服务）取得的销售额占全部销售额的比重超过50%的纳税人。四项服务的具体范围按照《销售服务、无形资产、不动产注释》（财税〔2016〕36号印发）执行。

2019年3月31日前设立的纳税人，自2018年4月至2019年3月期间的销售额（经营期不满12个月的，按照实际经营期的销售额）符合上述规定条件的，自2019年4月1日起适用加计抵减政策。

2019年4月1日后设立的纳税人，自设立之日起3个月的销售额符合上述规定条件的，自登记为一般纳税人之日起适用加计抵减政策。

纳税人确定适用加计抵减政策后，当年内不再调整，以后年度是否适用，根据上年度销售额计算确定。

纳税人可计提但未计提的加计抵减额，可在确定适用加计抵减政策当期一并计提。

（二）纳税人应按照当期可抵扣进项税额的10%计提当期加计抵减额。按照现行规定不得从销项税额中抵扣的进项税额，不得计提加计抵减额；已计提加计抵减额的进项税额，按规定作进项税额转出的，应在进项税额转出当期，相应调减加计抵减额。计算公式如下：

当期计提加计抵减额 = 当期可抵扣进项税额 × 10%

当期可抵减加计抵减额 = 上期末加计抵减额余额 + 当期计提加计抵减额 − 当期调减加计抵减额

（三）纳税人应按照现行规定计算一般计税方法下的应纳税额（以下称抵减前的应纳税额）后，区分以下情形加计抵减：

1. 抵减前的应纳税额等于零的，当期可抵减加计抵减额全部结转下期抵减；

2. 抵减前的应纳税额大于零，且大于当期可抵减加计抵减额的，当期可抵减加计抵减额全额从抵减前的应纳税额中抵减；

3. 抵减前的应纳税额大于零，且小于或等于当期可抵减加计抵减额的，以当期可抵减加计抵减额抵减应纳税额至零。未抵减完的当期可抵减加计抵减额，结转下期继续抵减。

（四）纳税人出口货物劳务、发生跨境应税行为不适用加计抵减政策，其对应的进项税额不得计提加计抵减额。

纳税人兼营出口货物劳务、发生跨境应税行为且无法划分不得计提加计抵减额的进项税额，按照以下公式计算：

不得计提加计抵减额的进项税额 = 当期无法划分的全部进项税额 × 当期出口货物劳务和发生跨境应税行为的销售额 ÷ 当期全部销售额

（五）纳税人应单独核算加计抵减额的计提、抵减、调减、结余等变动情况。骗取适用加计抵减政策或虚增加计抵减额的，按照《中华人民共和国税收征收管理法》等有关规定处理。

（六）加计抵减政策执行到期后，纳税人不再计提加计抵减额，结余的加计抵减额停止抵减。

八、自 2019 年 4 月 1 日起，试行增值税期末留抵税额退税制度。

（一）同时符合以下条件的纳税人，可以向主管税务机关申请退还增量留抵税额：

1. 自 2019 年 4 月税款所属期起，连续六个月（按季纳税的，连续两个季度）增量留抵税额均大于零，且第六个月增量留抵税额不低于 50 万元；

2. 纳税信用等级为 A 级或者 B 级；

3. 申请退税前 36 个月未发生骗取留抵退税、出口退税或虚开增值税专用发票情形的；

4. 申请退税前 36 个月未因偷税被税务机关处罚两次及以上的；

5. 自 2019 年 4 月 1 日起未享受即征即退、先征后返（退）政策的。

（二）本公告所称增量留抵税额，是指与 2019 年 3 月底相比新增加的期末留抵税额。

（三）纳税人当期允许退还的增量留抵税额，按照以下公式计算：

允许退还的增量留抵税额 = 增量留抵税额 × 进项构成比例 × 60%

进项构成比例，为 2019 年 4 月至申请退税前一税款所属期内已抵扣的增值税专用发票（含税控机动车销售统一发票）、海关进口增值税专用缴款书、解缴税款完税凭证注明的增值税额占同期全部已抵扣进项税额的比重。

（四）纳税人应在增值税纳税申报期内，向主管税务机关申请退还留抵税额。

（五）纳税人出口货物劳务、发生跨境应税行为，适用免抵退税办法的，办理免抵退税后，仍符合本公告规定条件的，可以申请退还留抵税额；适用免退税办法的，相关进项税额不得用于退还留抵税额。

（六）纳税人取得退还的留抵税额后，应相应调减当期留抵税额。按照本条规定再次满足退税条件的，可以继续向主管税务机关申请退还留抵税额，但本条第（一）项第 1 点规定的连续期间，不得重复计算。

（七）以虚增进项、虚假申报或其他欺骗手段，骗取留抵退税款的，由税务机关追缴其骗取的退税款，并按照《中华人民共和国税收征收管理法》等有关规定处理。

（八）退还的增量留抵税额中央、地方分担机制另行通知。

九、本公告自 2019 年 4 月 1 日起执行。

特此公告。

附录 5

减税降费政策目录

增值税

财政部　税务总局关于实施小微企业普惠性税收减免政策的通知（财税〔2019〕13 号）

国家税务总局关于小规模纳税人免征增值税政策有关征管问题的公告（国家税务总局公告 2019 年第 4 号）

财政部　税务总局关于明确养老机构免征增值税等政策的通知（财税〔2019〕20 号）

国家税务总局关于扩大小规模纳税人自行开具增值税专用发票试点范围等事项的公告（国家税务总局公告 2019 年第 8 号）

财政部　海关总署　税务总局　药监局关于罕见病药品增值税政策的通知（财税〔2019〕24 号）

财政部　税务总局关于继续实施支持文化企业发展增值税政策的通知（财税〔2019〕17 号）

财政部　税务总局　海关总署关于深化增值税改革有关政策的公告（财政部　税务总局　海关总署公告 2019 年第 39 号）

国家税务总局关于深化增值税改革有关事项的公告（国家税务总局公告 2019 年第 14 号）

国家税务总局关于调整增值税纳税申报有关事项的公告（国家税务总局公告 2019 年第 15 号）

国家税务总局关于办理增值税期末留抵税额退税有关事项的公告（国家税务总局公告 2019 年第 20 号）

财政部　税务总局关于延续供热企业增值税　房产税　城镇土地使用税优惠政策的通知（财税〔2019〕38 号）

财政部　税务总局　证监会关于创新企业境内发行存托凭证试点阶段有关税收政策的公告（财政部　税务总局　证监会公告 2019 年第 52 号）

财政部　税务总局　国务院扶贫办关于扶贫货物捐赠免征增值税政策的公告（财政部　税务总局　国务院扶贫办公告2019年第55号）

财政部　税务总局关于延续免征国产抗艾滋病病毒药品增值税政策的公告（财政部　税务总局公告2019年第73号）

财政部　税务总局关于继续执行边销茶增值税政策的公告（财政部　税务总局公告2019年第83号）

财政部　税务总局关于明确部分先进制造业增值税期末留抵退税政策的公告（财政部　税务总局公告2019年第84号）

企业所得税

财政部　税务总局关于实施小微企业普惠性税收减免政策的通知（财税〔2019〕13号）

国家税务总局关于实施小型微利企业普惠性所得税减免政策有关问题的公告（国家税务总局公告2019年第2号）

财政部　税务总局　国务院扶贫办关于企业扶贫捐赠所得税税前扣除政策的公告（财政部　税务总局　国务院扶贫办公告2019年第49号）

财政部　税务总局关于铁路债券利息收入所得税政策的公告（财政部　税务总局公告2019年第57号）

财政部　税务总局　国家发展改革委　生态环境部关于从事污染防治的第三方企业所得税政策问题的公告（财政部　税务总局　国家发展改革委　生态环境部公告2019年第60号）

财政部　税务总局关于扩大固定资产加速折旧优惠政策适用范围的公告（财政部　税务总局公告2019年第66号）

财政部　税务总局关于集成电路设计和软件产业企业所得税政策的公告（财政部　税务总局公告2019年第68号）

财政部　税务总局关于保险企业手续费及佣金支出税前扣除政策的公告（财政部　税务总局公告2019年第72号）

国家税务总局关于修订2018年版企业所得税预缴纳税申报表部分表单及填报说明的公告（国家税务总局公告2019年第23号）

财政部　税务总局关于横琴新区企业所得税优惠目录增列旅游产业项目

的通知（财税〔2019〕63 号）

个人所得税

国务院关于印发个人所得税专项附加扣除暂行办法的通知（国发〔2018〕41 号）

国家税务总局关于发布《个人所得税专项附加扣除操作办法（试行）》的公告（国家税务总局公告 2018 年第 60 号）

财政部　税务总局关于个人所得税法修改后有关优惠政策衔接问题的通知（财税〔2018〕164 号）

财政部　税务总局关于粤港澳大湾区个人所得税优惠政策的通知（财税〔2019〕31 号）

财政部　税务总局　证监会关于继续实施全国中小企业股份转让系统挂牌公司股息红利差别化个人所得税政策的公告（财政部　税务总局　证监会公告 2019 年第 78 号）

“六税两费”

财政部　税务总局关于实施小微企业普惠性税收减免政策的通知（财税〔2019〕13 号）

国家税务总局关于增值税小规模纳税人地方税种和相关附加减征政策有关征管问题的公告（国家税务总局公告 2019 年第 5 号）

国家税务总局关于城镇土地使用税等“六税一费”优惠事项资料留存备查的公告（国家税务总局公告 2019 年第 21 号）

综合政策

财政部　税务总局　退役军人部关于进一步扶持自主就业退役士兵创业就业有关税收政策的通知（财税〔2019〕21 号）

财政部　税务总局　人力资源社会保障部　国务院扶贫办关于进一步支持和促进重点群体创业就业有关税收政策的通知（财税〔2019〕22 号）

国家税务总局　人力资源社会保障部　国务院扶贫办　教育部关于实施支持和促进重点群体创业就业有关税收政策具体操作问题的公告（国家税务总局公告 2019 年第 10 号）

财政部　税务总局　中央宣传部关于继续实施文化体制改革中经营性文

化事业单位转制为企业若干税收政策的通知（财税〔2019〕16号）

财政部　税务总局关于继续实行农村饮水安全工程税收优惠政策的公告（财政部　税务总局公告2019年第67号）

财政部　税务总局关于公共租赁住房税收优惠政策的公告（财政部　税务总局公告2019年第61号）

财政部　税务总局　发展改革委　民政部　商务部　卫生健康委关于养老、托育、家政等社区家庭服务业税费优惠政策的公告（财政部　税务总局　发展改革委　民政部　商务部　卫生健康委公告2019年第76号）

财政部　税务总局关于部分国家储备商品有关税收政策的公告（财政部　税务总局公告2019年第77号）

社会保险费

国务院办公厅关于印发《降低社会保险费率综合方案》的通知（国办发〔2019〕13号）

人力资源社会保障部　财政部　税务总局　国家医保局关于贯彻落实《降低社会保险费率综合方案》的通知（人社部发〔2019〕35号）

国家税务总局关于认真落实降低社会保险费率政策的通知

国家税务总局办公厅关于印发《降低社会保险费率缴费服务工作方案》的通知